THÉOTEX
Site internet : theotex.org
Courriel : theotex@gmail.com

© THÉOTEX
Édition : BoD — Books on Demand
12/14 rond-point des Champs-Élysées, 75008 Paris
Impression : BoD, Norderstedt, Allemagne
ISBN : 978-2-322-18146-9
Dépôt légal : janvier 2021

Prière et Poésie

Henri Bremond

1926

ThéoTeX
— 2020 —

Avant-Propos

> La raison ne peut que parler, c'est l'amour qui chante.
>
> Joseph de Maistre

> All realities will sing, nothing else will.
>
> Coventry patmore

Qu'on veuille bien me permettre une comparaison familière. Pouvons-nous apprendre — ce qui s'appelle apprendre — à nager ? Il semble que non. Nager, c'est lâcher pied une bonne fois, et cet acte de confiance ni ne s'enseigne, ni ne se commande. C'est l'eau elle-même qui, en nous portant, justifie la confiance que nous avons eue en elle. Nous n'apprenons pas à nager, mais un jour, au milieu de la première leçon ou au bout de la vingtième, nous constatons qu'ayant perdu pied, nous ne sombrons pas, et que, sans marcher, nous changeons de place. Il en va de même pour l'expérience poétique. Dans le développement normal de l'homme, il arrive de certains moments où la raison raisonnante, fait place à une activité plus haute quelle connaît mal, qui, d'abord, l'inquiéterait même, mais à laquelle un pressentiment confus, l'attente d'on ne sait quelles délices, lui permet de s'abandonner.

Pour retrouver le chemin du salut, dit excellemment un critique anglais du premier mérite, M. Middleton Murry, il faut prendre la grande poésie au sérieux. C'est beaucoup moins facile qu'on ne le croit, et plus rare. Pour en venir là, il faut d'abord faire le pas héroïque, le salto mortale, admettre la légitimité, la valeur d'une connaissance qui ne s'exprime pas, qui ne peut pas s'exprimer, que les mots ne peuvent traduire. Il faut croire que cette connaissance n'est pas un mythe, qu'il s'est trouvé jadis des hommes qui l'avaient à leur service, qu'il s'en trouve aujourd'hui encore ; et que, du fait même de cette connaissance, ces hommes l'emportent sur nous, sont plus hommes que nous. Si nous sommes capables de faire ce pas, à la bonne heure ! Sinon, c'est fâcheux, mais, bon gré, mal gré, le plus grand poète du monde ne sera jamais pour nous que l'amuseur puéril de nos heures perdues, the idle singer of an empty day[a].

Sauf un petit nombre d'infortunés, ce pas, nous le faisons tous, un jour ou l'autre, et pour notre plus grand bien. Pas n'est besoin d'héroïsme ni de génie pour obéir à l'instinct profond qui nous y pousse ; mais il faut, et chez nous plus qu'ailleurs, fils de Descartes, un certain courage d'esprit pour acquiescer résolument, sans respect humain, à la philosophie même que cette expérience simple et bienheureuse,

---

[a]. *Keats and Shakespeare*, Oxford. 1925. p. 144. Ma traduction est si peu littérale que je dois supprimer les guillemets, persuadé que je suis d'ailleurs, que M. Murry ne me reprochera pas de l'avoir trahi.

réalise et canonise tout ensemble.

Qu'il y ait du je ne sais quoi, du mystère dans la poésie, on l'a presque toujours reconnu. Mais pendant de longs siècle — d'Aristote à Laharpe — on a cru que l'analyse patiente des œuvres poétiques livrerait le grand secret. De quoi est fait tel poème ? par où les vers que l'on s'accorde à trouver poétiques, se distinguent-ils de ceux qui ne le sont pas ? D'où tant de recherches sur l'essence de l'épopée, sur les caractères et la manœuvre de l'intrigue dans la tragédie ; sur la distinction des genres, des styles ; d'où les règles et les recettes ; d'où Boileau. Depuis le préromantisme, l'esthétique se tourne d'un autre côté. L'ancienne méthode ayant manifestement échoué, nous pensons enfin être plus heureux — et certainement nous ne serons pas plus malheureux — en recherchant, non plus de quoi est fait, mais comment est fait un poème ; en scrutant le mystère non plus du poème, mais du poète. Le mystère, non pas de son histoire personnelle, de ses amours, de ses faiblesses — cela fait l'objet d'une discipline toute différente —, mais de sa vie de poète en tant que poète, et telle quelle a passé dans son œuvre. Or, qui ne sent que ce changement de perspective fait succéder non pas certes la pleine lumière, mais, du moins, un crépuscule à la nuit totale où s'emprisonnait l'ancienne critique ? Si les grands poètes ont le monopole des chefs-d'œuvre, ils n'ont pas le monopole de l'expérience qui, à un certain degré d'intensité, produit les chefs-d'œuvre. Lire poétiquement les poètes, — je ne dis pas les comprendre — c'est leur ressembler peu ou prou ; les rejoindre, participer à leur don, à leur état poétique. Et pares inveniunt et faciunt : ils nous trouvent déjà leurs frères et ils nous aident à le devenir davantage. Pourquoi, sans cela, descendraient-ils jusqu'à nous ? Bref, l'esthétique moderne se place sur un terrain moins évanescent et où les sondages sont possibles. Il ne s'agit plus que d'interpréter une expérience humaine, si mystérieuse d'ailleurs et ineffable que celle-ci doive toujours rester ; d'interpréter cette expérience, en la faisant de nouveau. Le mystère du poète, c'est aussi mon propre mystère, plus riche, sans doute, mais par là même un peu moins obscur. Il y a là comme un appel et comme un échange de courants ; le peu que nous entrevoyons de notre âme profonde nous ouvre un accès jusqu'à l'âme profonde du poète, et celle-ci plus elle se communique à nous, plus elle éclaire notre âme profonde.

Par où l'on imagine aisément le chemin qu'il m'aurait fallu prendre si au lieu d'un bref discours, fatalement dogmatique et tout en formules abstraites, j'avais eu le loisir et la compétence d'écrire un vrai livre sur l'essence de la poésie, mon premier effort aurait eu pour objet de mettre le lecteur en face de sa propre expérience poétique, et par là de l'apprivoiser insensiblement avec la philosophie très simple que cette expérience recèle. Nous aurions guetté de concert les préparations plus ou moins mêlées, le jaillissement de la minute divine où le courant s'établit, où le pas se fait d'un mode de connaissance à l'autre, des clartés de la raison à la nuit plus lumineuse de la poésie. Claudel a dit que Delille lui-même donne du plaisir. Sans doute, mais de quelle sorte ? Offrons-nous à celui-ci, puis à l'autre et nous sentirons la différence. D'autres nous confient que, dans tout poème, leur raison trouve sa pâture. Qui le nie ? La question est de savoir si c'est bien là tout le menu, et le vrai menu du banquet royal. Interrogeons notre expérience, et pour cela, offrons-nous une fois de plus au courant qui passe. Soit une série de paragraphes dont chacun aurait proposé au lecteur l'étude ainsi comprise — vivante à la fois et technique ; analyse expérimentale — d'un des poèmes qui ont enchanté le monde. Cette méthode persuasive et enveloppante plus que dogmatique, serait assurément la plus efficace, mais elle m'eût demandé des milliers de pages.

Après quoi, il faudrait interroger de siècle en siècle, l'expérience poétique du passé, telle que nous la révèlent soit les confidences des poète eux-mêmes, soit les analyses des critiques. Ceci encore nous mènerait loin. Les trois énormes volumes de Saintsbury sur l'histoire de la critique et de l'esthétique, volumes qui, d'ailleurs, confirment de point en point les conclusions où nous voulons aboutir, n'épuisent pas ce vaste sujet. Comme néanmoins, lorsqu'il est question d'une expérience aussi universelle et aussi profondément humaine, nous n'avons pas le droit de négliger tout à fait le témoignage de la tradition, on me permettra d'esquisser, à grands traits, ce chapitre que, jusqu'ici, nul travail de vulgarisation n'a mis à la portée des simples curieux. Puis viendra le chapitre plus ésotérique, et plus subtil que je n'ai pu qu'effleurer dans le discours et les éclaircissements, la comparaison, veux-je dire, entre l'expérience poétique et l'expérience mystique ; puis, quelques pages sur le problème capital de l'esthétique ancienne et moderne, sur la Catharsis d'Aristote. Enfin, je reviendrai, mais pour le serrer de plus près, au parallèle entre le poète et le mystique.

Tout cela par les sommets, ou, pour mieux dire, en battant rapidement les buissons. Je ne suis qu'un amateur, qu'un simple curieux, et pressé. Les philosophes et les savants me corrigeront, me redresseront, verront ce qu'on peut tirer de ces prémisses tâtonnantes. Ils m'ont été jusqu'ici les uns et les autres moins sévères que mes confrères en ignorance. Ils le seront encore, je le sais.

[Il faut lire dans la *Revue des Cours et Conférences* (1926) les admirables leçons de M. Segond, professeur à l'Université de Lyon, sur l'*Esthétique du Sentiment*. Je n'avais rien à apprendre à un philosophe de cette valeur, et cependant M. Segond veut bien reconnaître que mes bégaiements sur la poésie pure ne lui ont pas été inutiles. Du côté des phonétistes, n'a-t-on pas vu l'un des plus brillants élèves de Rousselot, M. R. de Souza, prendre la peine de remanier les *éclaircissements* sur la poésie pure et de les compléter par une étude qui marquera l'histoire de ce problème. Enfin, un grand initiateur, demain une de nos gloires, le R. P. Jousse, n'a pas cessé de m'encourager. Les vrais compétents ne méprisent pas la chétive collaboration des vrais curieux ; ceux-ci, leur besogne faite, s'effacent avec joie devant les vrais compétents.]

Aussi bien, la philosophie que j'esquisse, j'ai l'impression que tout ce qu'il y a de vivant parmi nous, l'appelle, et que la résistance désespérée de quelques morts ne l'empêchera pas de triompher.

I
PLATON ET LA POÉSIE EXILÉE

Une philosophie purement rationnelle, ou non-mystique, de la poésie — vraie ou fausse, d'ailleurs, ce n'est pas ici la question — est un accident, une comète, dans l'histoire universelle de l'esthétique : *Prolem sine matre creatam*[a]. Elle est en contradiction, sinon toujours avec l'enseignement théorique, du moins avec l'expérience des poètes de tous les temps ; en contradiction, sinon toujours avec les formules, du moins avec les convictions implicites, avec les prémisses lointaines, avec les intuitions des philosophes de tous les temps. Sauf pendant quelques périodes, relativement très courtes, on s'est accordé à voir dans la poésie une activité spéciale, non pas ennemie, mais distincte des activités proprement rationnelles ; une connaissance, puisqu'elle nous met en rapport avec les choses, mais une connaissance toute particulière, dont l'objet immédiat n'est pas celui de la connaissance rationnelle, l'universel ; dont le mécanisme, d'ailleurs mystérieux, n'obéit pas aux règles de l'*Art de Penser*.

On sait bien que nous avons pour nous tout l'ancien monde. L'esthétique est née avec les premiers poètes ; dès

---
a. Un enfant né sans mère.

l'âge des cavernes, elle a excommunié Boileau. Voici des hommes tels que nous, pensait-on, qui, dans l'ordinaire de la vie, ne présentent rien d'anormal, et qui soudain, lorsque leur accès les prend, ne parlent plus comme tout le monde. C'est donc qu'à cette heure là ils ne raisonnent plus comme tout le monde. Et puisque, d'ailleurs, ce qu'ils disent alors, non seulement nous paraît supérieur au langage commun, mais encore fait passer en nous une sorte d'horreur assez délectable, ne faut-il pas que, pendant ces étranges crises, une divinité les habite, les possède, et nous parle par leur bouche ? De très bonne heure, on jugea ces états divins. Nous savons tous qu'Homère n'a pas inventé les Muses, ni Socrate « l'enthousiasme ». Bref, la clef est déjà trouvée. Facile réponse du bon sens, qui se précisera au cours des âges, mais à l'essentiel de laquelle il faudra toujours revenir. Aujourd'hui — et Buffon s'en doutait comme Montesquieu — nous avons la ressource de prendre le poète pour un excentrique, un fou, un maniaque. On ne l'avait pas en ces heureux temps. Folie, possession divine, c'était même chose. Démocrite, nous dit Cicéron, « nie qu'il soit possible d'être grand poète, si l'on n'est pas fou. » Que les petits ne s'émeuvent pas. Ils ont aussi leur part de folie.

Et voilà pourquoi le problème de la poésie a rendu si malheureux Socrate et Platon. Ils adorent les poètes, et, ce faisant, ils ont peur de pécher contre la raison. Cet élément divin qu'ils n'hésitent certes pas à reconnaître, les gêne autant qu'il les enchante. Ces deux hommes avaient une mission à remplir : sevrer la raison humaine du lait qui jusque-là, tout en la nourrissant la grisait et même l'empêchait de croître ; la démailloter, lui apprendre à se tenir sur ses jeunes jambes, enfin à parler. Il fallait inventer la grammaire, la dialectique et, qui plus est, et surtout, la morale. Pour la poésie, c'était déjà fait. On pouvait la négliger quelque peu et même au besoin se donner l'air de la battre. *Farà da se.* Non qu'ils se refusent toujours à ranger les poètes parmi « les sages ». Il n'y a pas plus sage au contraire. Seulement ils ne peuvent pas expliquer leur propre sagesse, ils ne la connaissent pas. Les belles choses qu'ils disent, ils les doivent à un je ne sais quoi d'irrationnel, φύσις τις, à une sorte d'instinct. Or, l'instinct est la bête noire de la grammaire, de la dialectique et de la morale, ce trèfle austère qu'on appelait alors σοφία. Donc le fossé. D'un côté les raisonnables, les sages conscients ; de l'autre les sages fous, ἐνθουσιάζοντες ὥσπερ οἱ θεομάντεις καὶ οἱ χρησμῳδοί[a].

Ion, par exemple ; critique-poète, et splendide exégète d'Homère, Socrate l'écoute d'un air goguenard puis le croc-en-jambe : « Peuh ! ce don que tu as de nous faire sentir l'*Iliade,* c'est fort peu de chose, puisque, si je te demande de commenter un autre poète moins dans tes cordes, tu perds le nord, tu ne dis plus rien. Don chétif qui n'a de prise que sur le particulier, à qui échappe l'Universel, que ne couronne, que ne canalise aucune *technè.* Tu vois bien qu'il n'y a pas là de quoi plastronner. Ton exégèse d'Homère ne vient pas de toi, elle te tombe du ciel, une θεία δύναμις te l'a soufflée, qui te mène, et à ton insu, malheureux ! comme un aimant. Qu'il plaise aux dieux de te retirer l'inspiration, de suspendre le courant, te voilà piteux. Moi, au contraire, j'ai la σοφία, qui de brute me change en homme, qui me permet d'appliquer savamment, sciemment, techniquement, toutes mes ressources, d'ailleurs décuplées par elle. Tu

---

a. Platon, *Apologie,* 22 : ... un enthousiasme semblable à celui qui transporte le prophète et le devin...

es le pauvre jouet d'une force divine; je suis le capitaine de mon âme, comme dira quelque jour le poète Henley. — Ion, naturellement, a un bœuf sur la langue. Puisque, le poète, par définition, est celui qui ne peut s'expliquer, il ne peut non plus se défendre. Poètes mystiques, c'est la rançon de leur don royal. Restait néanmoins une menue question que le courant aurait bien dû lui souffler : « Dis-nous donc, mon cher Socrate, comme il se fait que ta σοφία mirifique ne t'apprenne pas à chanter ? » Ou encore : « De ta σοφία ou de ton « démon », qui préfères-tu ? Ce démon, dont l'inspiration capricieuse, irrationnelle, mais infaillible, refuse également de se plier aux règles universelles, aux formules abstraites d'une *technè*; se dérobe également aux pinces de la connaissance proprement dite, de la « science » ?

Cette opposition entre les deux modes de connaissance, c'est déjà le cauchemar de Socrate, de Platon, comme c'est aujourd'hui le nôtre. Le problème des problèmes, si vous préférez. Quoi qu'il en soit, j'ai assez montré qu'ils sont aux antipodes du classicisme. Bien loin d'expliquer par « la raison seule » les prestiges de la poésie, ce qu'ils reprochent à la connaissance poétique, est précisément de ne pas se fonder sur la raison Pour eux, le poète, en tant que poète, est dépouillé de son moi normal, revêtu d'un moi divin, ἔνθεος. Cela pour eux ne fait pas le moindre doute. Ils sont également persuadés que cette inspiration est sagesse; mais ils ne veulent pas, ils se méfient d'une sagesse qui ne doit rien au travail propre de l'entendement, qui ne peut pas rendre ses comptes, qui ne vient pas quand on l'appelle, enfin qui s'ignore elle-même. La σοφία se hérisse contre le mystère; elle veut une réponse à tous les pourquoi, un « parce que » à toutes les consignes qu'elle passe à la volonté. Ainsi Platon se trouve-t-il divisé entre l'amour, la peur et la honte de la poésie. Angoisse qui prouve, du reste, qu'il est ἔνθεος, lui-même. Tu aurais moins peur de moi si déjà je ne te possédais. Je note en passant que les grands mystiques sont ainsi. C'est leur raison même, longuement consultée, qui leur commande enfin de s'abandonner, les yeux fermés, à la grâce qui les sollicite. La présence imminente, puis envahissante de Dieu leur est d'abord une affreuse torture. Ils n'en voudraient pas ; ils reculent devant « le saut périlleux ». Ils se cramponnent désespérément à la σοφία. Aussi raisonnables que Platon quand ils résistent ; plus raisonnables quand ils cèdent à la mystérieuse δύναμις, dûment reconnue divine.

[Un théologien à qui j'ai communiqué les épreuves de ce petit livre, veut bien me faire les remarques suivantes : « Je me résigne toujours difficilement à laisser confisquer les termes d'*intelligence*, de *sagesse*, par les fidèles de l'*entendement* et de la science rationnelle. C'est un tour pendable de Platon, qui, après avoir eu un sentiment si vif de l'intuition, de l'inspiration, de la poésie, de l'amour et de tous les délires sacrés ou prophétiques a fini par confisquer le nom de sophia et la réalité même des dons les plus hauts d'*Anima*, de *Psyché*, de *Nous*, au profit d'une science rationnelle d'une dialectique d'idées, prises pour les êtres mêmes. Ce n'est pas sans raison que Nietzsche a reproché de façon sanglante à Socrate et à ses grands disciples les avoir fait dévier la philosophie vers un chimérique palais d'abstractions, de notions génériques et de concepts soi-disant universels. Il me semble donc qu'il importe de revendiquer l'usage normal et la signification plénière de mots traditionnels dont nous n'avons pas l'équivalent, et de rendre à ces termes d'intelligence, de sagesse, la haute portée qu'ils ont dans la langue populaire ou théologique, en dépit des abus qu'en font les philosophes de l'entendement et du discours. ». C'est bien mon avis : aussi j'évite, autant que possible, le mot d'intelligence, préférant raison, raisonnante ou entendement.]

II
ARISTOTE ET LA POÉSIE DÉPOÉTISÉE

On l'a bien compris : l'originalité de Platon n'est donc pas d'avoir attribué l'inspiration du poète à l'action d'une puissance supra-humaine, mais d'avoir pris tellement au sérieux cette vérité qui s'imposait depuis toujours à tous les esprits, de l'avoir réalisée avec tant d'intensité et tout ensemble d'humour, qu'il en est venu, solennel comme un législateur et tout ensemble malicieux comme un enfant de génie, à tenir pour indésirable un homme que de telles faveurs célestes dépossédaient ainsi de lui-même. Ces fous charmants et magnifiques feraient des instituteurs déplorables, des ministres incohérents : chassons-les de la Cité. Fantaisie, d'ailleurs, pleine de sagesse, que seul un Béotien prendra au tragique. Plût au ciel qu'Aristote n'eut pas porté à la poésie de plus rudes coups !

Non qu'il soit rationaliste. Il est bien trop intelligent pour cela. La poésie, dit-il formellement, dans sa *rhétorique*, est un je ne sais quoi d'inspiré : Ἔνθεον γὰρ ἡ ποίησις ; et il parle dans la *Poétique*, d'une sorte de frénésie ou d'extase — μανικοί, ἐκστατικοί — qui permet au poète de s'identifier à ses personnages, de se perdre en eux lyriquement.

[Je cite d'après le texte donné par Butcher. *Aristotle's Theory of Poetry and Fine Art, with a critical text and a translation*, London 1895 — édition qui, de mon temps, jouissait d'une grande autorité. J'ignore ce qu'on en pense aujourd'hui. Au reste, ce passage si curieux de la Poétique n'est pas très clair, d'abord parce que les manuscrits ne donnent tous ἐκστατικοί ensuite parce qu'on n'ose pas croire qu'Aristote ait déjà marqué si nettement la différence entre le poète inspiré et le versificateur : Virgile et Delille.]

Mais ce n'est pas là ce qui semble l'intéresser le plus dans la poésie. Hélas! il avait de qui tenir! On se rappelle Socrate, défiant le rhapsode Ion de construire un Art poétique, une *technè*. Trop malin pour se livrer lui-même à ces exercices d'une utilité peu évidente, Socrate en a laissé le soin à la *technè* incarnée, à l'analyse faite homme. Le soin, veux-je dire, de dégager, avec l'unique secours de la connaissance rationnelle, une philosophie et une technique, de la connaissance suprarationnelle ; le soin de demander à la marche le secret du vol.

Ne craignons pas d'insister. Ces Grecs de l'âge d'or rêvent d'établir la dictature de la σοφία. Socrate, Platon, comme Aristote, quelles que soient d'ailleurs les contradictions — flagrantes chez les deux premiers, car exemple appel suprême au démon intérieur — qui doivent gêner la parfaite réalisation de ce rêve. Mais leur dictature, ils ne l'établiront pas de la même façon : Platon par l'exil ; Aristote, par un crime, beaucoup plus grave. Platon se borne à feindre de congédier des anarchistes rebelles à cette sagesse consciente et volontaire dont il s'agit d'assurer le triomphe ; Aristote au contraire, se propose d'annexer les poètes à son fascisme de la σοφία, et pour cela d'exorciser la puissance étrangère qui les possède. Il les gardera dans sa République, mais apprivoisés, désenvenimés, dépoétisés. Il met à mal non pas tel ou tel poète — *uno avulso* — mais la définition même de la poésie. Soumettre aux catégories de la raison pure et aux règles de la raison pratique une activité qui a précisément pour caractéristique d'échapper aux prises de ces deux raisons, c'est le coup d'état le plus violent et le plus absurde qu'un philosophe ait jamais tenté.

[Faut-il expliquer ces évidences. La science est de l'universel. La poésie du particulier. La science ne connaît et donc ne règle que le drame en soi ; or, il n'y a pas de drame en soi ; rien dans l'*Œdipe-Roi* qui annonce *Faust* ; chaque nouveau poème est quelque chose d'unique, un miracle.]

Dans un poème, la σοφία s'attache exclusivement à ce que l'intelligence peut saisir, expliquer, contrôler, mettre ou remettre en ordre ; à la conduite de l'action, par exemple ; ou au développement des caractères, s'il s'agit de la tragédie ; deux éléments qui, pris en soi, ni ne supposent chez le dramaturge, ni ne provoquent chez le spectateur une expérience proprement poétique. Non, écrit Newman, « il n'est pas vrai que dans un poème dramatique, la conduite de l'action soit d'une telle importance. Le charme principal de la tragédie grecque ne vient pas de là. L'intrigue (*the plot*) plus elle nous captive, plus elle nous empêche de sentir la vraie poésie du drame. L'erreur capitale d'Aristote est de voir dans le poète, non pas comme il le faudrait, un beau génie qui s'épanche librement, sans souci des règles (*a free and unfettered effusion of genius*) mais simplement un technicien accompli qui possède à fond le métier. » A ce compte, la pièce parfaitement construite d'un médiocre l'emporterait sur un chef-d'œuvre de poésie, Scribe dépasserait Shakespeare.

La tradition fixée par Aristote, c'est toujours Newman qui

parle, veut que la trame d'*Œdipe-Roi* soit un miracle d'agencement. Je ne dis pas non, mais combien plus poétique, à elle seule dans *Œdipe à Colone*, l'inspiration soudaine, qui permet au vieil aveugle d'aller droit et sans guide à la place où il doit mourir. On ne se lasse pas de relire ces quelques vers : *decies repetita placebit;* mais pour le plaisir, médiocre en somme, que nous offre l'action savamment nouée et dénouée d'*Œdipe-Roi*, passée la première représentation et notre curiosité satisfaite, il ne revient plus. — Remarque décisive, soit dit en passant contre l'esthétique rationaliste : à quoi bon relire indéfiniment un poème qui n'a plus rien à nous apprendre ? « L'esprit, avait déjà remarqué l'abbé Dubos, ne saurait jouir deux fois du plaisir d'apprendre la même chose [a]. » C'est, conclut Newman, « qu'Aristote se fait de la poésie une idée toute rigide » toute formelle, une idée de logicien. Il ne semble pas soupçonner la subtilité, la délicatesse des jouissances qu'elle nous réserve. Dès que ses facultés raisonnantes ont reçu leur maigre pitance, il se trouve comblé [b] ».

Egger, qui a donné plusieurs années de sa docte vie à l'étude de la *Poétique,* et qui n'est pas non plus un iconoclaste, pense de même. Aristote, écrit-il, passant de la logique aux beaux-arts, par l'intermédiaire de l'éloquence — (et justement c'était là prendre le pont du diable) — ne s'aperçoit pas assez *quelle distance sépare le raisonnement et la poésie...* Il ne mentionne même pas *une faculté qui soit à la passion et à l'idée du beau ce qu'est la raison à la vérité...* Nulle part il ne comprend, nulle part il ne définit

---

    a. *Réflexions critiques sur la Poésie et sur la Peinture.* 7ᵉ édition, Paris, 1770, I, 67.
    b. *Essays critical and historical,* I, p. 2-9.

l'imagination comme faculté créatrice, produisant le beau par les procédés de l'art ; et cependant il a défini l'art une certaine puissance de créer. Il aborde en logicien la poétique, et... il place en quelque sorte la poésie, comme le syllogisme, sous le joug absolu de la raison [a].

A quoi le Stagirite pourrait répondre : « L'œuvre d'un pur logicien, ma Poétique ! Par Jupiter, comment serait-elle autre chose, puisqu'elle n'est, à la bien comprendre, ni ne veut être, qu'un appendice à ma Logique, qu'une logique appliquée, soit aux manifestations, soit aux procédés de l'activité poétique ? Oui ou non, l'intrigue est-elle le ressort d'une tragédie ? Si c'est oui, elle a certaines qualités que j'ai bien le droit d'énumérer ; elle obéit au moins implicitement à de certaines règles qu'il n'est pas inutile de fixer, pour l'usage des dramaturges novices et des critiques. Ainsi des autres éléments que j'étudie ; ainsi de toute cette matière qui se trouve réalisée dans un poème, et qui, pour avoir été comme divinisée par la θεῖα δύναμις dont parle mon maître Socrate, n'en reste pas moins intelligible, et, par conséquent, définissable. Au médecin qui nomme les diverses parties d'un squelette, reprocherez-vous de nier la vie ? Il fait son métier d'anatomiste ; moi de logicien. Vous regrettez que j'aie soumis la « poésie au joug absolu de la raison ». Où diable avez-vous vu cela ? Le vers saugrenu sur la « seule raison », principe de toute beauté poétique, n'est pas de moi, que je sache. Je ne soumets à la raison que ce qui relève d'elle, que ce qui peut et doit rentrer dans ses catégories. Je ne méconnais pas du tout, comme vous dites encore, le caractère spécifique, ineffable de l'expérience poétique. Simplement

---

[a]. Egger, *Essai sur l'histoire de la Critique chez les Grecs*, Paris, 1886 pp. 259-260.

je ne m'en occupe pas, sauf dans mon fameux passage sur la *catharsis* — passage un peu obscur, je l'avoue, mais d'où l'on dégagera quelque jour une philosophie toute mystique de la poésie, »

Il dit vrai : pas de métaphysique, ni juste ni fausse, dans sa *Poétique*; pas d'autre hérésie que l'hérésie du silence — la plus dangereuse peut-être de toutes. Imaginez un croyant qui racontant les origines du christianisme, ne ferait jamais, ni de près ni de loin, la moindre allusion à la divinité de Jésus. Péché d'omission, escamotage. Assurément Aristote n'a pas écrit une ligne d'où l'on puisse conclure que, repoussant les vues traditionnelles sur l'inspiration du poète, il identifie la connaissance poétique à la connaissance rationnelle ; mais pas une non plus — sauf dans le paragraphe sur la *catharsis* — d'où l'on puisse, je ne dis pas seulement conclure, mais soupçonner le contraire. Qui ne dit mot semble consentir. Silence à jamais lamentable, gros de catastrophes, gros de Boileau, si l'on peut s'exprimer ainsi.

III

L'Humanisme de la Renaissance et l'Énigme de la Catharsis

« Comme tous les arts, la poésie est essentiellement mystère. Son charme est fait de certaines qualités, qu'il est impossible, soit de définir exactement, soit de réduire à l'état de règles, soit de reproduire à volonté. Mais cette impossibilité manifeste, on aura toujours beaucoup de peine à la reconnaître, et l'on verra périodiquement surgir des hommes qui tâcheront de se persuader qu'ils ont enfin trouvé la recette des beaux vers [a]. » Aristote ne voulait sans doute pas être, mais en fait il a été pour la postérité un de ces hommes, et sans contredit le plus influent de tous. L'homme des règles, et par conséquent, des recettes, l'homme qui dispense du don divin, le Ruolz de la poésie. Encore une fois, il n'a pas nié le mystère poétique; il se borne à l'escamoter, mais par là même, il entraînera fatalement des esprits moins subtils que le sien et plus prosaïques à la négation formelle.

Il y faudra toutefois beaucoup de temps. La déplorable discrétion d'Aristote ne sera que trop imitée, et pendant de longs siècles, le problème fondamental de l'esthétique

---

[a.] F. Myers, dans son article célèbre sur Wordsworth.

restera exactement au point où la *Poétique* l'avait laissé. En principe, on ne contestera pas la nécessité de l'inspiration, mais dans la pratique, théoriciens et critiques se conduiront comme si pour mériter le nom de poète, il suffisait d'obéir aux règles. Çà et là, néanmoins, quelques professions de foi anti-rationalistes. Egger en cite de fort belles dans son *Histoire de la critique chez les Grecs,* et, de son côté, M. Saintsbury commente, avec son ingéniosité ordinaire, le préromantisme de Longin ; mais ce détail nous est ici défendu.

Comme le montre excellemment M. Toffanin, dans son livre sur *La Fin de l'Humanisme* ce sont les humanistes italiens de la Renaissance qui ont enfin clairement posé le problème de la connaissance poétique : *Fin de l'Humanisme,* autrement dit, transition de l'étude exclusive des règles aux méditations métaphysiques sur le mystère même de la Poésie ; fin du classicisme, premiers pas du romantisme. Ce fut une évolution très lente. Au bloc formaliste et intellectualiste du code aristotélicien, on n'attachait encore que trop d'importance. L'aveugle foi du passé en l'efficacité des recettes poétiques n'avait pas encore d'incrédules. Mais enfin, sans disputer aux vieilles idoles les révérences rituelles que la tradition impose, on commence à s'arrêter longuement et avec une curiosité déjà passionnée sur le seuil de l'obscure chapelle, oubliée si longtemps, où se cache la statue voilée de la Catharsis. Tâtonnements, reculs, avances timides, rien de si intéressant que de suivre, dans le beau livre de M. Toffanin, ce progrès laborieux, cette émancipation de la critique et de l'esthétique. Déjà s'ébauche la philosophie libératrice, que, trois cents ans plus tard, à l'aube du romantisme, un autre italien, plus génial que nos humanistes, et plus mystique, Alexandre Manzoni, doit professer avec tant d'éclat. Notons ici encore et en vue du parallèle où je m'achemine, la merveilleuse résurrection du haut mysticisme chrétien, qui a précédé immédiatement cette Renaissance, qui l'accompagne et peut-être aussi la seconde, qui lui survivra. De part et d'autre, bien que sur des plans différents, c'est bien le même mouvement de repli vers l'intérieur, vers les sources vives de l'âme.

IV
BOILEAU

Puis la réaction classiciste qui prépare l'explosion prochaine du rationalisme. Comment expliquer cet arrêt soudain, cette régression? Boileau nomme le premier coupable. C'est Descartes, dit-il, qui a tordu le cou à la poésie. Mais comment expliquer d'abord Descartes lui-même et ses goûts meurtriers, ensuite que la poésie se soit si mal défendue? Si quelqu'un a jamais été bâti pour faire figure d'excentrique, c'est bien Malherbe, et puisqu'il est devenu chef d'école, ne faut-il pas qu'il ait eu la France entière pour complice. Coup sur coup, quatre plébiscites : Malherbe, Balzac, Voiture, Boileau. Non pas *vox dei*, certes, mais *vox populi*. Nous ne pardonnons pas à Boileau d'avoir blasphémé Ronsard ; et qui donc a protesté, sauf une poignée d'archaïsants? Nous, Français, passe encore, fermés que nous sommes, dans l'ensemble, à une certaine poésie. Mais que Boileau, sous le nom de Pope, ait régné dans le pays, hier de Shakespeare, demain de Wordsworth, on ne comprend, plus.

Ce ne sont là d'ailleurs que des hérétiques pour rire. Leur génie même résiste à la philosophie qu'ils enseignent et que leur expérience contredit à chaque instant. Pour croire sérieusement à la « raison seule » comment feraient-ils? Boileau surtout, si peu raisonnable et maître de soi, un paquet de nerfs et d'instincts, un possédé, et le moins intelligent des grands classiques. La raison est le dernier de ses soucis. « Enfin Malherbe vint... » Oh ! Oh ! sans doute remettre la raison en sa place ? Non, les mots. Boileau a sans doute son petit bout de dogme — car il a beaucoup médité, non sur les principes, mais sur la pratique de son art. Ce dogme, toutefois, est tout ce qu'on peut imaginer de plus contraire aux dogmes de l'*Art poétique*. C'est à savoir que le sujet même — idées, sentiments — n'a pas la moindre importance. Il écrit, ahannant sur la *Satire des Femmes* : « C'est un ouvrage qui me tue, par la multitude des transitions qui sont, à mon sens, le plus difficile chef-d'œuvre de la poésie ». Les transitions dont il parle, un simple jeu de plume et dont la raison se moque. Dans l'*Ode sur Namur,* il a, dit-il, « hasardé des choses fort neuves ». Quoi donc ? une idée hardie une réflexion profonde ? Non ; il est allé « jusqu'à parler de la plume blanche que le roi a sur son chapeau ».

Quand la « raison seule » tient le gouvernail, elle conduit toujours vers plus de clarté — la « raison française » surtout, on nous l'a assez dit. Or, Boileau poète adore l'obscur. Enoncer prosaïquement une pensée facile et claire, puis noyer cette même pensée dans la brume, c'est un de ses procédés habituels. Ainsi, après avoir dit que, « poète belliqueux », il a joué au soldat, ce que tout le monde a compris d'abord, il amplifie en noir : j'ai, poursuit-il

> Sur les bords de l'Euphrate abattu le turban
> Et coupé pour rimer les cèdres du Liban.

Ainsi encore :

> Il est fâcheux, grand roi, de se voir sans lecteurs.

Ce qui est tellement limpide que personne n'éprouve le besoin d'une explication supplémentaire. Mais non, la raison se trouvant rassasiée, voici la poésie avec ses énigmes :

> Et d'aller du récit de ta gloire immortelle,
> Habiller chez Francœur le sucre et la cannelle.

A luce ad tenebras! quelle devise pour un adorateur de la raison ! Au reste mon vieux cœur classique se fend quand je pense que nous ne sommes plus que trois ou quatre aujourd'hui à connaître, à savourer ces belles obscurités. Le néo-classicisme a fait aussi plat, mais ce n'était que du simili. Ici nous avons la platitude à l'état pur, le modèle, le canon sacré sur lequel tant et tant de jeunes Français ont « appris... la hauteur de l'art des vers ».

Mais ses vraies confidences d'artiste, ses idées — si l'on peut dire — sur le mystère poétique, c'est dans la merveilleuse lettre à Maucroix qu'il faut les chercher :

(Malherbe) excelle surtout, à mon avis, *à dire les petites choses, et c'est en quoi il ressemble le plus aux anciens, que j'admire surtout par cet endroit* Plus les choses sont sèches (insignifiantes) et malaisées à dire en vers, plus elles frappent quand elles sont dites noblement, et avec cette élégance qui fait proprement la poésie... M. de la Fontaine m'a dit plus d'une fois que les deux vers de mes ouvrages qu'il estimait davantage, étaient ceux où je loue le roi d'avoir établi la manufacture des points de France, à la place des points de Venise :

> Et nos voisins frustrés de ces tributs serviles
> Que payait à leur art le luxe de nos villes.

Virgile et Horace sont divins en cela, aussi bien qu'Homère. Pour moi, quand je fais des vers, je cherche toujours à dire ce qui ne s'est point encore dit en notre langue.

Dans son extrême vieillesse il revient, avec le même amour à ces « petites choses » qui sont toute la poésie, expliquant au docile Brossette combien sont admirables ces deux vers de la huitième Satire :

> Et souvent tel y vient qui sait pour tout secret :
> Cinq et quatre font neuf ; ôtez deux, reste sept.

Tout ceci vous paraît, je l'espère, d'une puérilité effarante. Mais il y faut voir aussi le témoignage naïf rendu à la poésie par une âme naturellement poétique ; une répudiation implicite mais chaleureuse de l'esthétique rationaliste. Si la poésie poursuivait le même objet que la raison, à savoir la vérité, comment tournerait-elle son principal effort à ne remuer que des idées insignifiantes ? Il va du reste sans dire que Boileau s'explique mal à lui-même son expérience poétique. Il ne s'agit cas ici d'idées petites ni grandes. Quand l'inspiration prend le poète, il tâche, vaille que vaille, de la faire passer en nous, ayant recours pour cela à des moyens qui, du point de vue de la raison, ne sont ni petits ni grands, ni riches de pensées ni pauvres. Au lieu du vers fameux :

> A thing of beauty is a joy for ever.

Keats avait d'abord écrit

> A thing of beauty is a constant joy.

« Une joie incessante » ; « une joie pour toujours », entre les deux la nuance intellectuelle ! si nuance de cet ordre il y a, est un infiniment petit. Il se trouve seulement, et en fait, qu'avec *for ever* le courant passe, et qu'avec *constant* il ne passe pas. Non que cet étrange phénomène échappe nécessairement aux investigations de la science. Les méthodes nouvelles l'expliqueront tôt ou tard, au moins en partie. De certaines lois, et très raisonnables, dirigent à son insu le poète, l'obligent à effacer *constant*, à le remplacer par *for ever* ; les mêmes lois qui, présidant à une expérience du même ordre, mais infiniment plus grossière, ont dicté à Boileau les prétendues « petites choses » dont il était si fier :

> Cinq et quatre font neuf ; ôtez deux, reste sept.

Mais ces lois n'ont rien de commun avec les règles de l'art de penser. Livrée à ses seules ressources, la raison ne réalisera jamais la médiocrité ; le prosaïsme de *a constant joy*, la valeur poétique de *a joy for ever*.

V
Lamotte et le triomphe du Classicisme

Pour sa première leçon de philosophie, il serait cruel, voire saugrenu, de mettre Boileau en face d'un dilemme, de lui dire : Choisissez : si vous continuez à défendre l'esthétique rationaliste de l'*Art poétique*, l'esthétique suprarationnelle, et, tout compte fait, assez poétique, de la lettre à Maucroix, ne tient plus debout. Et inversement. Mais qu'y pouvons-nous ? Les dilemmes sont écrits dans le ciel des pures idées. Aussi bien la progéniture de Boileau, les classicistes du XVIIIe siècle, ne nous ont-ils pas attendu pour mettre à nu les contradictions du vieux patriarche. Plus féroces que nous, ils vont même jusqu'à lui dire : « De votre oracle sur la raison seule, lequel, d'ailleurs, nous va tout à fait, ou de vos œuvres complètes — *Lutrin* compris — choisissez : Ceci tue cela, ou cela ceci ». Ainsi Voltaire lui-même. Que m'importe, s'écrie-t-il,

> Qu'il peigne de Paris les tristes embarras,
> Ou décrive en beaux vers un fort mauvais repas !
> Il faut d'autres objets à notre intelligence.

Evidemment ! Pour s'accommoder de Boileau, « notre intelligence » ne doit plus rien avoir à se mettre sous la dent.

Ce Boileau qui pourtant n'est pas un moindre poète que Voltaire.

Oh! j'entends bien que Laharpe aura tôt fait d'exorciser cet exorcisme : il n'est pas ici question d'intelligence, dit-il, mais « de vers, de goût, de style ». Bref, d'un plaisir extra-rationnel. Mais justement l'*Art Poétique* ne condamne-t-il pas cette sorte de plaisir? Plus logique, Marmontel qui trouve les *Satires* « assez mauvaises », ou M. de Villette, dans cet éloquent passage :

> Comment (Boileau) n'a-t-il pas au moins pressenti quelle force, quelle énergie on pouvait donner à l'Art des vers en le *nourrissant des grandes idées d'une morale universelle* et de la *saine Philosophie...* Comment Boileau... n'est-il jamais occupé du progrès des lumières et de la marche de l'esprit humain.

A quoi Laharpe, tour à tour enfant terrible, voltairien impénitent et romantique honteux, mais presque toujours homme de goût :

> Ce reproche, s'il était fondé, pourrait s'adresser à tous les grands poètes de son siècle. Voltaire... est le premier qui ait appliqué l'art des vers à la philosophie, et il a souvent abusé de l'un et de l'autre.

Abuser? Comment? Si l'intelligence est tout, on ne sera jamais trop intelligent :

> Dans la marche de l'esprit humain, l'imagination précède la réflexion, et les beaux-arts devancent toujours la philosophie.

C'est parfait; mais encore trop timide, et, par suite, fort dangereux. Ce que va répondre le rationalisme saute aux yeux : l'adulte n'a que faire de nourrices. C'est entendu :

l'enfance du monde n'était capable que de poésie. Aujourd'hui nous pouvons et nous devons nous passer d'elle, nous avons mieux : la Philosophie.

« Chacun son tour », s'écrie Fontenelle. Que les poètes modernes soient « plus philosophes que poètes, il n'y a là ni de quoi s'étonner, ni de quoi s'affliger [a] ».

Telles sont les prémisses inéluctables du blasphème que, dès la fin de l'âge d'or classique, couvent les méditations du neveu de Corneille, un des plus clairs esprits qui furent jamais, et où se rallieront bientôt avec allégresse les meilleures têtes du XVIIIe siècle. Il ne faut pas juger Fontenelle d'après ses disciples immédiats, un Lamotte, un Trublet, qui l'ont rapetissé à leur taille. Son esthétique, chose curieuse, est toute voisine de celle de Platon ; un duel entre la θεῖα δύναμις et la σοφία ; l'inspiration et la raison. Or il n'est pas homme à se battre contre un fantôme. Il sent fort bien que, si l'on n'a recours à quelque facteur d'ordre supra-rationnel ou mystique, le phénomène poétique reste inexpliqué. Mais tout mysticisme l'agace, lui fait honte et peur ; il déploie à le réduire, à l'exiler, toute sa subtilité qui est merveilleuse.

On ne sait, avait-il écrit, ce qu'est le *Prométhée* d'Eschyle. Il n'y a ni sujet, ni dessein, mais des emportements fort poétiques et fort hardis. Je crois qu'Eschyle était une manière de fou qui avait l'imagination vive et pas trop réglée [b].

Et encore, avec une sorte de colère :

Quoi ! ce qu'il y aura de plus estimable en nous, *sera-ce donc*

---

a. W. Folkierski, *Entre le classicisme et le Romantisme. Etude sur l'esthétique et les esthéticiens du XVIII[e] siècle*, Cracovie, Paris, 1925, p. 1, 96.
b. *Mémoires de Trublet*, cités par M. Folkierski, *op. cit.*, p. 195.

ce qui dépendra le moins de nous, ce qui agira le plus en nous sans nous-mêmes, ce qui aura le plus de conformité avec l'instinct des animaux ? Car cet enthousiasme et cette fureur bien expliqués se réduisent à de véritables instincts.

Il en va de même pour le talent, qui n'est qu'un « instinct ».

On entend par le mot de talent un certain mouvement impérieux et heureux qui vous porte vers certains objets et les fait saisir juste sans *avoir aucun du secours de la réflexion :* je dis aucun, car pour peu qu'on en ait besoin, c'est autant de rabattu sur le mérite et sur l'essence du talent... Après, qu'on a accusé un poète d'être plus philosophe que poète, on peut bien l'accuser d'avoir plus d'esprit que de talent ; l'un est assez une suite de l'autre. Dans la vie, en pratique, on ne rencontre guère de talent sans esprit, ou d'esprit sans talent, il ne s'agit que de savoir où est la plus grande force.

De l'esprit ou du talent :

s'il faut que l'un des deux domine, il me semble qu'on ne devrait pas beaucoup hésiter à se déterminer pour l'esprit... *Le talent est comme indépendant de nous, et ses opérations semblent avoir été produites en nous par quelque être supérieur qui nous a fait l'honneur de nous choisir pour ses instruments.* Pour ce qu'on appelle esprit, ce n'est que nous, nous sentons trop que c'est nous qui agissons. La difficulté et la lenteur des opérations ne nous permettent pas de l'ignorer. Voilà la cause de cette préférence que l'on donne volontiers au talent sur l'esprit ; car la raison humaine, *souvent trop orgueilleuse,* peut aussi *quelquefois être trop humble.* »

« Trop humble », voilà le grand mot lâché. Nous ne voulons pas d'une explication mystique de la poésie, parce que cette explication rabat notre orgueil d'hommes raisonnables. Mais quel plaisir d'avoir affaire à un homme si intelligent !

Les « intellectualistes »le sont si peu, d'ordinaire ! Fontenelle prévoit, il devine tout et même ce que nous appelons, depuis Baudelaire, la « magie » des vers.

Il arrive quelquefois que des pièces irrégulières, telles que le *Cid*, ne laissent pas de plaire extrêmement ; aussitôt on se met à mépriser les règles (à dire que poésie n'est pas raison) ; c'est, dit-on, une pédanterie gênante et inutile ; et il y a un certain art de plaire qui est au-dessus de tout. Mais qu'est-ce que cet art de plaire ? Il ne se définit point. (Parbleu !) ; on l'attrape par hasard, on n'est pas sûr de le rencontrer deux fois : *c'est une espèce de magie tout à fait inconnue*. Peut-être tout cela n'est-il pas vrai. Il y a beaucoup d'apparence que quand les pièces irrégulières plaisent, ce n'est pas par les endroits irréguliers ;

[et il y a encore plus d'apparence que quand les pièces prétendues régulières plaisent, leur conformité avec les règles n'explique pas ce plaisir si particulier ;]

et il est certain qu'il n'y a pas de pièce sur le théâtre qui soit à de certains égards si régulière que le *Cid*.

Le charme du *Cid* vient-il de cette régularité ?

Mais il se pourrait bien faire que tout ce qu'il y a d'important pour le théâtre ne fût point (encore) réduit en règles ; ou du moins ne fût pas fort connu. Ces règles qui ne sont pas encore faites ou que tout le monde ne sait pas, voilà apparemment l'art de plaire, voilà en quoi consiste la magie[a].

Ces règles que le poète ne sait pas et auxquelles il obéit à son insu ne sont pas à proprement parler des règles ; ce n'est ni la raison ni la volonté du poète qui les ont fixées ; et de là vient précisément cette magie.

---

a. *Réflexions sur la Poétique*.

Lamotte, qui a eu sur les idées littéraires de son temps une si longue et si fâcheuse influence, ne fera guère que vulgariser le rationalisme encore hésitant de Fontenelle, en l'accusant toutefois davantage, en l'amplifiant avec moins d'intelligence que de logique, en le dépouillant des subtiles réserves que nous avons dites et qui en atténuaient le venin. C'est d'ailleurs un charmant homme et l'académicien modèle. Son ombre venait souvent me réjouir, l'an passé, au lendemain de mon discours académique sur la Poésie pure, coincé que j'étais entre les compliments de certains et la fureur de certains autres, les premiers louant mon courage, les seconds blâmant mes confrères d'avoir subi sans sourciller tant d'énormités. Ainsi déjà, il y a deux siècles, l'intraitable Madame Dacier :

Et l'Académie se tait ! criait-elle. Elle ne s'élève pas contre cet excès si injurieux pour elle. Je sais bien qu'il y en a qui gémissent de cet attentat..., mais cette indignation d'une partie ne suffit pas pour justifier tout le corps ; le public attendait quelque chose de plus de cette Compagnie. Je n'ai garde de vouloir susciter à M. de Lamotte des ennemis si dangereux. La charité me le défend.

A quoi Lamotte répond avec son urbanité habituelle :

Cet endroit fait rire par ces termes graves et pathétiques... appliqués à une matière si frivole ; mais il fait peine aussi par le tour extraordinaire qui y règne. (Extraordinaire en ce temps-là... !) Elle dit tout ce qu'elle peut pour soulever l'Académie contre moi, et elle s'arrête après avoir tout dit, parce que la charité lui défend de me nuire... Voilà, en effet, une charité bien patiente, qui attend pour parler que la passion n'ait plus rien à faire !

Suit un beau couplet, que nous savons tous par cœur à l'Académie, mais qu'avaient oublié sans doute ceux qui ont bien voulu admirer mon indépendance :

J'avertis ici Madame Dacier qu'elle a une idée fausse de l'Académie française. Elle la regarde apparemment comme un tribunal tyrannique qui ne laisse pas la liberté des jugements en matière d'ouvrages d'esprit; elle croit que l'admiration religieuse des anciens en est une loi fondamentale, et qu'en y entrant on lui prête serment de fidélité à cet égard. Ce n'est point là l'esprit d'une assemblée de gens de lettres, et l'Académie ne tend à l'uniformité que par voie d'éclaircissement et non pas par voie de contrainte. Elle a souffert, dès son établissement, que l'abbé de Bois-Robert comparât le chantre grec à nos chanteurs de carrefours, qui ne débitent leurs chansons qu'à la canaille. Notre fondateur, qui savait bien les vues de son institution, ne s'en est pas scandalisé. Elle a souffert depuis que Desmarets fit contre Homère cette dissertation dont on me croit le copiste. Elle ne s'est point élevée contre M. Perrault... Elle a permis à M. de Fontenelle de trouver des fautes dans Théocrite et dans Virgile...

Et elle me permet aujourd'hui d'opposer Wordsworth, Edgar Poe, voire Mallarmé, aux paradoxes rationalistes de Lamotte.

En un mot, elle ne condamne dans ces sortes de dispute que les manières injurieuses, dont les différents partis appuient quelquefois leurs raisons. A cela près, que peut-elle désirer de mieux que cette diversité de sentiments, qui donne lieu d'approfondir les matières ? Toutes nos assemblées ne se passent que dans ces contradictions utiles d'où résulte la vérité... Quand tout s'est dit de part et d'autre, la raison fait insensiblement son effet, le goût se perfectionne; et c'est au public, juge de l'Académie même, à prononcer[a].

Ce qu'il nous faut maintenant citer de Lamotte est moins délectable; en revanche, rien n'a été écrit de plus décisif sur

---

a. *Les Paradoxes littéraires de Lamotte ou les discours écrits par cet académicien sur les principaux genres de poèmes, réunis et annotés* par B. Jullien, Paris, 1859, pp. 293-295. Sauf indication contraire, je renvoie à ce recueil qui est fort bien fait.

notre problème ; rien ne montre mieux où conduit logiquement l'esthétique rationaliste :

> Rompez, — avait-il écrit dans son *Discours à l'occasion de la tragédie d'Œdipe,* une pièce de sa façon, et en vers — rompez la mesure des vers de Racine, faites disparaître ses rimes vous ne retrouverez plus dans les discours qu'une élégance naturelle et proportionnée aux rangs, aux intérêts, aux passions. *Vous n'y perdrez,* en un mot, que cet *agencement étudié* qui vous distrait de l'acteur, pour admirer le poète, et qui ne paraîtrait qu'un *abus de la parole* à tout homme de bon sens qui n'aurait jamais entendu de vers.

Là-dessus l'idée lui vint bientôt de rendre cette vérité sensible par une expérience que le moins subtil pourrait aisément faire et contrôler. « Il mît en prose la première scène de *Mithridate,* plaça les vers de Racine en regard de sa propre rédaction ; et croyant de très bonne foi que le texte primitif n'avait sur le sien aucune supériorité réelle, il appela sur ce point le jugement du public ».

Que le lecteur à présent se rende témoignage à lui-même de l'effet que produit en lui cette scène, telle qu'il vient de la lire, en comparaison de la scène en vers, et je lui demande si toutes les tragédies de Racine, mises en prose avec la même exactitude à *conserver ses pensées,* ses tours et ses expressions... feraient la même impression de beauté...

Quelques-uns me répondraient peut-être qu'ils ne rabattraient rien ni de l'idée de l'ouvrage, ni de leur estime pour l'écrivain. Je n'ai rien à dire à ceux-là ; je n'ai qu'à les féliciter de la force et de la droiture de leur jugement, qui les rend incapables de séduction. Mais je m'adresse au plus grand nombre sans comparaison, à ceux qui sentiraient un déchet considérable dans ces tragédies ; pour qui, par le seul changement de style, elles deviendraient un ouvrage ordinaire... Je leur dis donc ce que je me suis dit à moi-même, en me surprenant dans une pareille méprise, que nous n'estimons pas assez ce qui est réellement estimable, et que nous estimons excessivement ce qui ne l'est guère, pour ne pas dire ce qui ne l'est point du tout,

à savoir, tout simplement, la poésie même.

Qu'est-ce qui constitue la *solide bonté* d'un ouvrage, si ce n'est la *justesse des pensées, liées entre elles par le meilleur arrangement...* et le choix des expressions les plus propres à faire passer exactement dans l'*esprit* des autres, les *idées* qu'on veut leur donner. *Voilà la raison, voilà l'éloquence,* voilà la connaissance parfaite et *le seul usage légitime d'une langue.* Après cela, que resterait-il à estimer dans un ouvrage *du côté de l'intelligence ?*

Absolument rien. Je suis tout à fait de cet avis, et quiconque raisonne doit l'être. A tout ce que l'intelligence a besoin de dire, la prose suffit. Si la connaissance poétique ne se distingue pas de la connaissance rationnelle, *Mithridate* n'est pas plus poétique en vers qu'en prose. La versification n'est plus manifestement qu'un « mérite accessoire » : « Extravagance de la part de ceux qui imposent ce joug ; et de la part de ceux qui le reçoivent, travail également frivole et pénible. » Si vous admettez les prémisses de l'esthétique rationaliste, nul moyen de sortir de là.

Imaginons un moment qu'un homme ait fait une tragédie parfaite à tous égards (du point de vue de la raison), mais en prose. Quelqu'un lui vient dire : Voilà, Monsieur, un ouvrage assez *raisonnable, votre action est bien choisie et bien conduite ;* tous vos *sentiments* élèvent l'esprit et touchent le cœur ; vos personnages se disent précisément ce qu'ils doivent dire...,

Votre ouvrage, néanmoins, n'est encore qu'ébauché.

Voulez-vous lui donner une beauté immortelle et vraiment sublime ? Réduisez toutes vos *pensées* sous une mesure uniforme... Si vous remplissez ces conditions, d'assez bon génie que vous paraissez déjà..., vous allez, devenir un grand homme, mais ne changez rien à vos tours et à vos expressions, puisqu'elles sont bonnes ; n'y ajoutez, n'en diminuez rien, puisqu'elles sont *précises.* Conçoit-on rien de si ridicule qu'une pareille proposition ? Mais que va devenir l'homme à qui on l'a faite... ? *Il n'a plus rien à penser ; tout l'esprit qui doit être dans son ouvrage est déjà trouvé.* Il ne lui reste plus à exercer qu'un *travail mécanique et méprisable...* Est-ce donc là l'exercice de la raison ?

Non, mille fois non. Et Lamotte a parfaitement raison d'avancer « que la prose pouvait dire tout ce que disent les vers », entendant par là qu'elle peut exprimer toutes les *idées* qu'expriment les vers.

Non seulement j'ose croire qu'une prose, je ne dis pas hardie, mais proportionnée aux personnage et au sujet, *suffirait à nous peindre les passions ; mais j'ose encore m'étonner qu'on le conteste.*

Le contester est en effet un pur sophisme. Et qu'on ne lui objecte pas qu'il est insensible à la séduction poétique ! Hélas, il n'y est que trop sensible. Simplement il a honte de céder encore à une « illusion » dont sa raison lui a démontré l'inanité.

(M. de La Faye) prend contre moi le parti des vers, que *je n'abjure pourtant qu'en philosophe* et qui, malgré mes réflexions, me font encore autant de plaisir qu'à lui.

Après tout, il ne nie pas absolument

qu'il n'y ait dans les vers quelque autre cause de plaisir (que leur conformité avec les lois de la raison) ; *mais la question ne vaut pas la peine qu'on entre là-dessus dans une profonde métaphysique.*

Eh! c'est la vraie question, l'unique. C'est « le pas héroïque » dont nous parlait tantôt M. Middleton Murry. Lamotte ne le fera point. Il n'ira pas toutefois jusqu'à refuser les circonstances atténuantes à ceux qui le font.

Que conclure de tout ce que j'ai dit? N'allons pas jusqu'où une raison sévère voudrait nous mener. Notre habitude mérite indulgence. Encourageons les versificateurs, attachons la gloire à la peine qu'ils se donnent, pour leur en cacher la PUÉRILITÉ; enfin, ayons des vers puisqu'ils font plaisir à bien des gens. Mais comme il y en a d'autres à qui ce plaisir n'est pas si nécessaire... laissons à la prose la liberté de tous ces genres...

C'est l'humiliation suprême. Jadis la peur, qui était, en quelque sorte, un hommage, aujourd'hui, le mépris. Platon bannissait les poètes, Lamotte les enferme dans la *nursery*; vieux enfants à qui l'on n'a pas la cruauté d'enlever leurs sabres de bois, et qui, d'ailleurs, ne sont cas tout à fait inutiles à la république. En guise de récréation, les penseurs peuvent prendre quelque plaisir à lire les enfantillages des poètes : ils n'y trouveront jamais « qu'un demi-vrai », mais qui a parfois « bonne grâce ».

Quand on veut excuser quelque licence dans les vers, on dit ordinairement cela est bon en poésie. C'est comme si l'on disait : cela n'est pas bon en effet, mais songez que ce sont des vers; et voilà justement de quoi se plaint le philosophe de mauvaise humeur, qu'il y ait un style où il soit permis de ne pas parler juste.

Absurde, encore une fois, mais logique. Il proclame avec une intrépidité magnifique ce que devraient proclamer aussi, puisqu'ils l'admettent implicitement, tous ses coreligionnaires, les dévots de la raison. L'abbé Trublet, qui n'était pas un sot lui non plus, dit en moins de mots :

Plus la raison se perfectionnera, plus le jugement sera préféré à l'imagination ; et par conséquent moins les poètes seront goûtés. Les premiers écrivains, dit-on, ont été poètes. Je le crois bien, *ils ne pouvaient guère être autre chose*. Les derniers seront philosophes,

et ceux-ci, plus libres d'esprit, plus désintéressés, d'ailleurs que Fontenelle et que Lamotte, se moqueront hardiment de la poésie. Ainsi, par exemple, et au grand scandale de Laharpe, « Marivaux, Duclos, Condillac, Montesquieu ». « Buffon, du moins, ajoute Laharpe, eut la prudence de ne rien écrire sur cette matière ; mais il y revenait si souvent en conversation que son opinion était publique. »

[Laharpe. XII, 167, cité et commenté par B. Jullien, *Les formes harmoniques du français*, Paris, 1876, pp. 97-100. Inutile, d'ajouter que, même parmi les philosophes, l'unanimité ne s'était pas faite sur ce point. Je crois même qu'on trouverait sans peine un reste de foi chez quelques-uns des blasphémateurs dénoncés par La Harpe. Qu'on médite, par exemple, ces lignes si belles de Condillac : « Voulez-vous savoir en quoi la poésie diffère de la prose..., lisez les grands écrivains, sentez, observez, comparez. Mais n'entreprenez pas de définir les impressions qui se font sur vous ; craignez de trop analyser. Il faut le dire, rien n'est plus contraire au goût que l'esprit philosophique ; c'est une vérité qui m'échappe... Nous le distinguons (le style poétique) au plaisir qu'il nous fait... c'est tout ce qu'on peut dire... En vain tenterait-on de découvrir l'essence du style poétique ; il n'en a point. Trop arbitraire pour en avoir une, il dépend des associations d'idées, qui varient comme l'esprit des grands poètes. » *Art d'écrire*, pp. 369-371. Excellent ouvrage, que je regrette infiniment de n'avoir pas connu quand j'enseignais les Humanités. J'y relève, en passant, une splendide sottise : « Une religion (la nôtre) qui ne parlait pas aux sens, ne pouvait pas enrichir la langue de la poésie. » Buffon lui-même, si fort qu'il méprisât les vers, n'est peut-être pas sans avoir esquissé lui aussi, une théorie mystique de la poésie : « Toutes les beautés intellectuelles (pardonnons ce mot) qui (se) trouvent (dans un beau style), tous les rapports dont il est composé, sont autant de vérités (?) aussi utiles, et *peut-être plus précieuses* pour l'esprit public que celles qui peuvent faire le fond du sujet », plus précieuses donc que les vérités, proprement dites, que l'écrivain a exprimées. Flaubert cite ces lignes chères à Bouilhet, dans la préface des *Dernières chansons*. Cf. Cassagne, *La Théorie de l'Art pour l'Art*, p. 419.]

VI
Suprême humiliation de la Poésie

Dût-on me soupçonner de cléricalisme, il me plaît d'ajouter quelques jésuites à cette liste d'apostats, comme dirait Mme Dacier.

[Eh! oui! Rien qu'à nommer, dans mon discours sur la poésie pure le P. Rapin, jésuite, j'ai scandalisé l'illustre critique du *Temps,* M. Paul Souday. Lorsque, par grand hasard, elles osent se manifester encore, il faut noter ces préoccupations si avilissantes pour les bonnes lettres. Au début de mon discours de réception à l'Académie, j'avais cité avec amitié un beau, texte du ministre huguenot Jean Daillé sur la critique et cela sans indigner, les catholiques, même *illibéraux;* dans un autre discours, je cite le jésuite Rapin, écrivain délicieux que nul lettré n'a le droit d'ignorer, et la critique du *Temps* fonce de toutes ses cornes sur l'épouvantail.]

Apostats et deux fois, puisque en même temps qu'ils outragent la poésie, ils violent une des règles les plus saintes de leur *Ratio Studiorum.* N'oublions pas que ce code a réglé, pendant au moins deux siècles, la formation littéraire et poétique de la jeunesse française; n'oublions pas non plus que l'exercice fondamental du *Ratio,* la *prælectio,* comme nous disions, est une initiation « mystique », s'il en fut jamais. Soit le *Phaselus* de Catulle. Professeur de poésie, je dois commencer par me mettre en règle avec la raison, et pour cela, faire précisément ce qu'a fait Lamotte de la première scène de *Mithridate* traduire le *Phaselus* en une prose aussi limpide que possible — latine, bien entendu — et qui rende pleinement accessible — ensemble et détails à l'*intelligence* de mes élèves, tout ce qu'il y a d'*intelligible* dans ce court chef-d'œuvre. En vérité, c'est ici peu de chose ; mais, pour que la raison, pleinement rassasiée, se tienne tranquille, j'ajouterai une foule d'explications curieuses, allant même jusqu'à dessiner sur le tableau noir les aventures de ce petit bateau, depuis la lointaine *silva nobilis* où furent coupées les planches qui le composent, jusqu'à la grève où, cassé de vieillesse, il s'est offert aux méditations mélancoliques de Catulle. *Sed hæc prius fuere...* Après quoi, et c'est ici la minute solennelle, nous faisons le pas héroïque, abandonnant résolument les curiosités de la connaissance rationnelle pour les joies confuses de la connaissance poétique, tâchant que l'âme profonde de nos élèves s'ouvre d'elle-même à ce courant dont nous avons déjà tant parlé, mais dont nous ne parlerons jamais trop. C'est ainsi du moins que j'ai toujours compris et pratiqué le *ratio*, fidèle en cela aux directions des humanistes de la Renaissance dont les grands jésuites nous ont transmis l'héritage : tradition qui, repose toute, en dernière analyse, sur la doctrine de la catharsis, sinon expliquée à la manière des philosophes, du moins vivement réalisée, ardemment vécue. C'est au fond l'excellent chapitre de Bonhours sur le *je ne sais quoi*, c'est l'affirmation relativement très nette de Rapin, dans ses *Réflexions sur la poétique d'Aristote*[a].

Hélas ! cela n'est que trop certain ! Les jésuites du XVIIIe

---

a. Cf. le *Discours sur la Poésie pure*.

siècle n'ont pas su résister aux infiltrations rationalistes. Ils ne voulaient pas de mal à Fontenelle, la séduction même ; ils lisaient Lamotte sans déchirer d'horreur leurs soutanes. Ces amphores déshonorées conservent néanmoins quelque chose du parfum qui les pénétra jadis. Avant que leur Père Buffier proclame enfin la déchéance de la poésie, nous aurons leur Ducerceau : *Réflexions sur la Poésie française où l'on fait voir en quoi consiste la beauté des vers et où l'on donne des règles sûres pour réussir à les bien faire; avec une défense de la poésie et une apologie pour les savants*, par le R. P. Ducerceau de la Compagnie de Jésus, Paris, 1742.

Ne cherchez pas ce petit livre, que, sur la foi de son titre, et fouetté par je ne sais quel pressentiment, j'ai demandé en vain à tous les jésuites de France, et que, de guerre lasse, j'ai dû prendre à la Bibliothèque Nationale. Comme il offensait également les rationalistes et les mystiques — les premiers toutefois plus que les seconds — on l'a étouffé. Les quelques savants modernes qui en parlent, ou bien ne l'ont pas connu, où l'ont lu trop vite. Absurde et délicieux tout ensemble, d'autant plus délicieux qu'il est plus absurde, d'autant plus profond qu'il semble plus frivole, je veux lui rendre enfin l'hommage que depuis deux siècles, on s'accorde à lui refuser.

Absurde, mais avec grâce, ironie, bon sens, il n'irritera que les nigauds. Je ne ferai pas au Père Ducerceau l'injure de le comparer à Lamotte. Un océan les sépare. Dans la république des Lettres, Lamotte reste un métèque, moins encore un paria ; le type accompli de l'illettré supérieur, roture dorée, race bien connue et trop féconde. Non, certes, qu'il manque d'intelligence, mais il n'est qu'intelligent ; non qu'il écrive mal, il écrit autrement, comme un homme qui n'est pas de la maison et qui n'en sera jamais. De Voltaire à Ducerceau, il y a loin, mais la conversation est possible, facile, ils parlent la même langue. Un duc et pair et un « honnête homme », Louis XIV et Pellisson. De Lamotte à Ducerceau, les ponts sont coupés.

Jusque dans les hardiesses du jésuite, comme aussi bien dans celles de Fénelon, ce prince des Lettres, on reconnaît l'homme de goût. Il écrit par exemple :

On convient que les vers plaisent plus que la prose : cependant s'ils n'en étaient distingués que par ces deux endroits (mesure et rime), ils devraient plaire infiniment moins. Cette monotonie uniforme a quelque chose en soi de si désagréable que, toutes choses égales d'ailleurs, l'avantage serait tout entier, pour le style qui s'en trouverait le plus exempt.

C'est la *fastidiousness* du vrai lettré. Qu'ils vantent, Lamotte et lui, le plaisir que les beaux vers nous procurent, nous sentons d'abord, à un je ne sais quoi, que le plaisir dont parle le premier est grossier, celui du second est exquis.

[Son jugement sur les mérites respectifs du latin et du français est fort curieux. Il préfère notre construction. « En mettant confusément tous les termes d'une phrase (latine) dans un chapeau, et les tirant au hasard l'un après l'autre, comme les billets de loterie, la construction s'en trouverait toujours, à peu de chose près, assez régulière. » On nous reproche d'exiger une marche plus resserrée et gênée. « J'en conviendrai sans peine, dès qu'on m'aura fait concevoir que, de parler dans le même ordre qu'on pense, c'est un défaut... » En revanche, ces lignes si justes, et qui tranchent selon moi la question du latin : « Je l'admire, bien moins dans la construction de chaque phrase en particulier, que dans la liaison des phrases, dans le tissu du discours et dans l'ordre naturel et aisé avec lequel elle développe un raisonnement ou un narré, et en assortit toutes les parties. C'est en quoi elle l'emporte infiniment sur le français, » et Cicéron sur Flaubert. Egalement curieuse, sa profession de foi anti-dogmatique, anti-intellectuelle ; il va citer quelques vers de Mme Deshoulières, mais au préalable : « S'il m'est permis, écrit-il, de dire mon sentiment sur ses ouvrages, j'avouerai que je ne connais personne, sans même en excepter aucun de nos plus grands poètes, qui ait mieux atteint que cette illustre dame, au véritable goût de la poésie française, et qui l'ait mieux fait sentir dans ses vers. » Il ne la compare aux plus grands que de ce point de vue, mais là n'est pas ce qui doit nous arrêter. « Il y a des gens, continue-t-il, qui croient que sa manière de versifier est contraire à mes principes. *J'abandonnerais mes principes si cela était*, et, dans la conviction où je suis que le tour qu'elle donne à ses vers est le véritable tour qui convient à notre poésie, je ne pourrais m'empêcher de rejeter comme fausses toutes les règles qui n'y cadreraient pas. » p. 321]

Le feu abbé Régnier, qui, entre ceux de nos poètes qui ont eu de la réputation, est à mon sens celui dont la Poésie sent le plus la prose.

Cette phrase eût été inintelligible à Lamotte ; ce que veut dire « sentir la prose », il ne le saura jamais. Presque seul, parmi ses contemporains, Ducerceau goûte Ronsard :

Il me semble qu'on ne rend pas à Ronsard... toute la justice qu'il mérite... Il avait après tout d'excellentes parties pour la poésie : beaucoup d'esprit et d'imagination, du feu, de l'enthousiasme, bien de la lecture et une grande connaissance des anciens.

Mais venons à sa doctrine :

Nous n'avons rien, écrit-il au début de son livre, sur ce qui fait la différence essentielle du style dans la prose et dans les *vers*.

Nous poserions autrement le problème, mais peu importe. Cette différence, ne la cherchons, continue-t-il, ni du côté de la rime, ni du côté de la mesure :

On ne peut point non plus référer ce distinctif à la différence des termes et à la noblesse de l'expression ;

Avec ces deux lignes, vous voyez bien, j'espère, que l'esthétique classique s'écroule ; « puisque les termes sont communs aux vers et à la prose, et que tous ceux qui sont reçus dans la bonne prose sont aussi de mise dans les bons vers. *Je dis la même chose des figures hardies et sublimes, que la poésie ne fait qu'emprunter à la rhétorique, à qui elles appartiennent en propre, et dont les Poètes doivent l'hommage aux Orateurs.* »

Et encore :

On ne doit pas considérer la noblesse, la finesse, la délicatesse, la vivacité de l'expression, comme ce qui fait la matière du style poétique. Avec cette matière seule, on fera quelque chose de beau, de fin, de vif, de relevé, de magnifique... mais *on ne fera pas de la Poésie. Il faut quelque autre chose qui anime cette matière.*

Pétris que nous sommes des anathèmes de Poe et de Baudelaire, contre l'éloquence — ou, ce qui revient au même, contre le didactisme — peu familiers, du reste, avec les rhéteurs de l'ancien régime, peut-être n'apprécions-nous pas assez l'originalité, le courage de cette affirmation mémorable : « Il faut quelque autre chose. »

Malheureusement, ce « quelque chose qui anime », Ducerceau s'obstine à le chercher, non parmi les vivants, comme l'y invitait la métaphore même qui s'était imposée à lui, mais parmi les morts, je veux dire parmi ces éléments rigides, inertes, définissables sur lesquels s'absorbait l'ancienne rhétorique, et au feu desquels la σοφία, la raison, l'esthétique des règles et des recettes, préside seule. Le « quelque chose », sera tout bonnement « un tour de phrase », au sens le plus mécanique de ce mot.

Il y a, dit-il, un tour de phrase qui est poétique un qui est prosaïque... Ce dernier, avec la mesure la plus exacte et la rime la plus riche, est toujours dans le fond véritablement prose ; au lieu que l'autre, sans rime même et sans mesure, est toujours réellement poésie.

Ici encore, il semble, si j'ose dire, brûler ; mais non, ne nous faisons pas de fausse joie.

Quel est ce tour de phrase qui est particulier à la poésie et qui distingue les vers de la prose ? Le voici : c'est uniquement le tour qui met de la suspension dans la phrase ; par le moyen des inversions ou transpositions reçues dans la langue et qui n'en forcent point la construction.

Ridiculus mus ! Ainsi, au lieu de ces deux vers :

> D'abord il a tenté les atteintes mortelles
> Des poisons que lui-même a cru les plus fidèles.

Ducerceau propose :

> D'abord, de ces poisons qu'il crut les plus fidèles,
> Mithridate a tenté les atteintes mortelles...

Suit une foule de redressements ou plutôt de renversements analogues, presque toujours réussis, parfois même impressionnants ; mais pour que ce château de cartes s'écroule, il suffit d'un seul vers incontestablement poétique et où la construction logique soit rigoureusement observée ; *Mignonne allons voir ; Je suis le ténébreux... Le jour n'est pas plus pur...*

La prose, dit-il encore, débute ordinairement par le terme principal de la phrase... Le vers commence sa marche par ce qu'il renferme de moins essentiel (pour le sens). Le premier terme qui se présente d'abord en suppose presque toujours un autre, dont il dépend absolument, et qui peut-être ne se déclarera qu'à la fin de la période. Souvent tout est en l'air dans le premier vers... C'est comme une intrigue de théâtre... et voilà ce qui produit cette suspension d'esprit, propre au vers, et ou la prose, de l'aveu de M. de Cambrai, ne saurait aspirer.

Je regarde donc la suspension comme l'âme du vers, et ce qui en fait le charme, par l'attente où elle met et par la surprise qu'elle cause. On soutient par ce moyen l'esprit du lecteur, qui demeure toujours en haleine, jusqu'à ce que le terme le plus essentiel, et qui est comme la clef de la phrase, ait enfin déterminé la pensée. Dès qu'il y a de la suspension, le tour est poétique.

Je le répète : quand La motte parle de poésie on peut, on doit hausser les épaules ; attendre qu'il ait fini ; ou encore, se servir de lui en guise d'ilote ainsi que nous avons fait. Ducerceau, non. Il ne suffit même pas de le réfuter, ce qui, d'ailleurs, est trop facile. Jusque dans ses erreurs les moins soutenables se cachent des parcelles d'or, et peut-être qu'après tout le plus grand tort de ses analyses est de s'arrêter à moitié chemin. Quelque pressentiment de la vérité anime, inspire toujours les pires hérésies d'un homme de goût.

Il se pourrait bien en effet qu'une certaine « suspension », fût l'âme de la poésie ; mais non pas cette suspension purement grammaticale dont nous entretient Ducerceau, cette seconde n'étant en vérité qu'un des symboles ou qu'un des facteurs — entre plusieurs autres — de la première. Et cela, je tends à croire que Ducerceau l'a entrevu, plus ou moins confusément. Méditez plutôt ces quelques lignes si remarquables où il s'applique péniblement et, d'ailleurs sans y réussir, à *dérationaliser* sa suspension.

C'est de la suspension que la poésie demande, et non de l'*incertitude* (intellectuelle) : *deux impressions qu'il ne faut pas confondre.* L'incertitude renferme la suspension et en corrompt l'agrément par la peine et la perplexité qu'elle y porte ; mais *la suspension ne suppose point l'incertitude.* Son idée... ne nous présente qu'une *attente agréable* de ce qu'elle nous annonce, et qu'elle nous met par avance à portée de deviner au moins en partie... ; (elle nous offre) le plaisir pur de pouvoir deviner sans courir risque de se tromper.

Ceci est très émouvant. Il est tout près de « faire le pas », de franchir le noir fossé qui sépare la connaissance rationnelle de la connaissance poétique ; et soudain, il prend peur ; il a entendu Boileau qui le gronde ; il recule et déjà un pied dans l'abîme il s'accroche à cette idée « deviner », — et rentre par là dans le camp retranché de la σοφία. Et nous revoici aux puérilités canoniques : si la poésie a pour but de nous proposer des devinettes faciles elle n'est plus qu'un jeu de charade à l'usage des enfants retardataires. Les philosophes ont tout à fait le droit de la mépriser.

Toute poésie est suspension, au moins en ce sens qu'à l'origine de toute expérience poétique, se produit une suspension. Oh ! non pas l'inversion grammaticale dont parle Ducerceau, laquelle a pour effet de stimuler si peu que ce soit, de piquer ou d'amuser l'entendement — feinte pédagogique réservée à l'éloquence et dont la poésie n'a que faire. C'est ici une suspension de l'intelligence elle-même, sommée brusquement de ralentir son activité propre, en vue de ne pas gêner les activités profondes qui annoncent par un certain branle-bas qu'elles sont prêtes à entrer en scène. Ce branle-bas, c'est précisément « l'attente agréable », dont parle si bien Ducerceau, fort d'une expérience qu'il a faite des milliers de fois, mais qu'il analyse mal. Bref, et pour en revenir à la parabole claudellienne, suspension d'Animus, se taisant pour laisser chanter *Anima*. Que d'ailleurs les inversions grammaticales puissent parfois, souvent même — oh! non pas toujours! — concourir à l'incantation désirée, à la transmission du courant, à la création d'un état « d'attente agréable », c'est fort vrai, mais comme c'est vrai du choix et de la mise en place des expressions, comme c'est vrai de toutes les figures imaginables ou de grammaire ou de rhétorique. Par où l'on voit, soit dit en passant, qu'il serait facile d'adapter à nos vues contemporaines sur l'esthétique non pas certes la philosophie si frivole, mais les recherches techniques de nos anciens rhéteurs. Il y a dans leurs analyses menues de vrais trésors, que la critique et que la pédagogie d'aujourd'hui se trouveraient bien d'exploiter.

Gardons-nous toutefois de confondre le moyen avec la fin, un « tour de phrase », quelqu'il soit, avec la poésie elle-même, comme le fait trop manifestement notre Ducerceau. Plus coupable encore, plus radical, je veux dire plus frivole et plus méprisant, l'insigne P. Buffier, un philosophe celui-ci et l'auteur d'un *Traité philosophique et pratique de poésie* :

> La poésie, écrit-il, une pauvre chose, un amusement de l'esprit et un moyen pour le mieux disposer à d'autres occupations... Quelque avantageux que puisse être dans les premières années de la jeunesse l'exercice habituel de la poésie, il paraît assez peu convenir à un âge plus avancé... Il n'est plus temps d'employer

son esprit à des tours de pensées ou d'expressions... La poésie paraît donc être, par rapport à l'esprit, ce qu'est la danse par rapport au corps. On fait apprendre à danser aux jeunes gens pour leur former le corps par la souplesse que lui donnent les divers mouvements de la danse, mais le temps de la jeunesse étant passé, ce n'est plus qu'un *badinage*.

La poésie, un badinage — telle est la grande découverte du XVIIIe siècle, tel l'héritage accablant du classicisme.

VII
Le Romantisme et la réhabilitation de la Poésie

Le romantisme est le retour à la tradition constante du genre humain en matière de poésie ; une réaction consciente, raisonnée, contre l'esthétique rationaliste du XVIIIe siècle et contre l'humanisme sénile qui avait préparé les voies à cette esthétique. Prendre la poésie au sérieux comme un don splendide et gratuit qui élève le poète au-dessus de lui-même, pour son plus grand bien et celui de tous, c'est l'essence même du romantisme, son élan vital, sa raison d'être, sa loi — *non scripta sed nata* — et sa justification invincible.

Aristote l'avait déjà dit : « La poésie est plus sérieuse que l'histoire, — et Fénelon : « La poésie est plus utile et plus sérieuse qu'on ne croit ». Ils entendaient par là que l'*Iliade* est une lecture aussi peu frivole que possible, moins frivole que les chefs-d'œuvre de la philosophie ou de l'histoire. Le romantisme est naturellement du même avis, mais il ne s'en tient pas là. Si, raisonne-t-il, l'*Iliade* est plus sérieuse que l'*Histoire de la guerre du Péloponèse*, c'est donc que l'activité poétique d'Homère est supérieure à l'activité, d'ailleurs différente de Thucydide. D'où il concluait que ce qu'il fallait désormais prendre au sérieux, approfondir, exalter plus encore que les chefs-d'œuvre même de la poésie, c'était l'expérience mystérieuse qui se trouve à l'origine de ces chefs-d'œuvre, le principe intérieur, le don poétique, et les ressorts invisibles, que ce don actionne. Telle est, sinon toujours avouée et explicite, du moins toujours agissante, la préoccupation chaleureuse et inquiète du romantisme : à l'ancienne critique des beautés et des défauts, à la science des règles et des recettes, il substitue quelque chose de nouveau, une esthétique, une science expérimentale et métaphysique de la poésie elle-même — esthétique purement lyrique chez plusieurs, notamment chez la plupart des romantiques français ; purement doctrinale chez d'autres, Mme de Staël, par exemple ; lyrique et tout ensemble doctrinale chez quelques-uns, Manzoni, par exemple, Wordsworth, Shelley, Keats, Schiller, Lamartine.

Tout cela, qui peut sembler d'abord plus ou moins systématique, arbitraire donc, voire intéressé, il me serait facile de le prouver méthodiquement, et en me conformant avec la rigueur voulue soit aux directions, soit aux exemples de M. Lanson. Mais, comme je n'écris pas ici une thèse de doctorat, quelques textes me suffiront, que je crois assez peu connus ou que mes petites idées de derrière la tête me conseillent de choisir.

[Pour une étude plus scientifique du sujet je renvoie aux ouvrages spéciaux. Voici les plus récents : G. Toffanin (professeur à l'Université de Cagliari). *La Fine del Umanesimo*, Turin, 1920 ; *L'eredita del Rinascimento in Arcadia* (Bologne, 1923). Deux œuvres maîtresses que je ne saurais assez louer. Egalement de première importance le long chapitre : *Manzoni, Shakespeare et Bossuet*, de M. A. Galletri, *Saggi e Studi*, Bologne, 1916. Indispensables aussi les *Studies*, de M. J. G. Robertson, *in the genesis of Romantic Theory in the Eighteenth century,* Cambridge, 1923. Comme M. Toffanin, avec lequel, du reste, il n'est pas toujours d'accord, M. Robertson veut montrer que c'est à l'humanisme, italien que revient la gloire d'avoir dépossédé la raison de son privilège d'arbitre suprême, en matière de poésie, et par là d'avoir préparé soit en Angleterre, soit en Allemagne, la renaissance romantique. J'ai déjà cité le livre de M. Folkierski : *Entre le Classicisme et le Romantisme,* Cracovie, Paris, 1905. Un peu confus, mais a bien senti l'importance, chez nous, de Diderot, et, chez les Anglais, de Burke. Chose curieuse, M. Robertson les néglige l'un et l'autre. Inutile de mentionner — qui ne les connaît ? — les études qui se groupent autour de la *Revue de Littérature comparée* : ainsi dans le *Préromantisme* de M. Van Tieghem, le chapitre sur *La notion de vraie poésie dans le Préromantisme européen* Paris 1924. Il y a des trésors dans la correspondance de Schiller, admirablement traduite et annotée par M. Lucien Herr (collection Du Bos), mais je n'ai pas encore eu le temps de me les assimiler. Le livre de M. Lombard sur l'abbé Dubos (Paris, 1913), est également indispensable : plus une foule d'ouvrages que j'ignore. Ainsi *l'histoire de l'esthétique française,* par M. Mustoxidi. Paris, 1920... *Vita brevis.*]

Pourquoi pas Charles Magnin ? Il est du *Globe* et digne d'en être. C'est tout dire. Comme critique, évidemment très inférieur à son ami Sainte-Beuve. Le goût beaucoup moins sûr, mais moins étroitement français, et, ce qui nous le rend très intéressant, plus curieux de métaphysique. Il est revenu plusieurs fois à notre problème, notamment dans un article de la *Revue des Deux Mondes* (1er décembre 1833) : « *Ahasverus, mystère,* par M. Edgar Quinet, *et de la nature du génie poétique* ». En ce temps-là, le sujet n'était pas banal, et, si je me souviens bien, l'article ne passa pas inaperçu.

C'est déjà, moins précautionné toutefois, et plus pétulant, mon petit *discours* de 1925. Il me vole jusqu'à mes images magnétiques. A cette date, rien de plus curieux.

Pour exprimer, dit-il, *la sensation singulière* et, en *quelque sorte électrique* que nous causent les créations du genre de celles de Hoffmann, il manquait un mot à notre langue : on a adopté, dans ces derniers temps, celui d'*œuvre fantastique*. Pour atteindre à cette idée, l'ancien mot, le mot propre, le mot poésie, ne suffisait pas. Il a trop longtemps servi à désigner des productions qui n'excitent plus en nous, quoiqu'elles aient excité jadis, *ce délicieux ébranlement qu'il est dans la nature de la poésie de nous causer*. Il est certain que nous avons besoin de deux mots : l'un pour exprimer *la sensation, en quelque sorte galvanique*, que la poésie présente produit sur nous ; l'autre, pour exprimer l'impression que nous recevons de la poésie passée, de la poésie d'hier, de celle où la surprise et la nouveauté n'ont plus de part.

Hérésie, cette distinction, cela va sans dire, par où se trahit ingénument ce que Magnin a de béotien. Il n'y a pas de « poésie passée », la vraie poésie est toujours jeune, elle produit toujours sur nous le même effet « galvanique », si l'on veut, mais non « fantastique ». Aucune « surprise » à proprement parler : c'est quelque chose de bien plus profond, et où la curiosité de l'esprit n'a aucune part. Mais enfin ce qu'il veut dire est plus curieux et plus juste que ce qu'il dit en effet :

Au reste, qu'on ne s'y trompe pas ; tout grand poète, Virgile ou Racine, par exemple, a produit sur ses contemporains et produit encore sur nous, quand nous savons nous mettre à son point de vue, la même *commotion fantastique* que Goethe, Hoffmann, M. Victor Hugo, nous ont fait successivement éprouver.

Plus tard, à propos de *les Rayons et les Ombres*, il parlera de cet « instrument *poético-magnétique* que (Victor Hugo) manie avec tant de dextérité ». Mais, dira-t-on, qu'est-ce que le sentiment poétique ? Très bien ! Très bien ! nous y voici :

Je ne pense pas qu'il y ait un seul homme, assez dépourvu d'imagination pour n'avoir pas éprouvé, au moins une fois en sa vie, *cette surexcitation de l'intelligence, ce vertige momentané du cœur et de la pensée* que j'appelle *état poétique.* Ce phénomène est un des faits psychologiques les moins étudiés, quoi qu'assurément des plus dignes de l'être.

[*Causeries et méditations historiques et littéraires,* par Charles Magnin, Paris, 1923, I, p. 315. L'article sur *la Nature du génie poétique* se trouve également recueilli dans ce même volume, pp. 88-158. Celui qui l'y précède : *Qu'est-ce que l'esthétique et qu'est-ce qu'une poétique?* (Globe, oct-nov. 1829), n'est pas moins intéressant.]

En 1829, il écrivait déjà :

Il est périlleux de définir une, science qui n'est encore qu'en projet. Cependant, puisque nous y sommes forcés, nous définirons l'esthétique, par rapport à la poésie, la connaissance de *tous les phénomènes qu'éprouve l'âme à l'état poétique. Reconnaître cet état singulier,...*

Hear! Hear! comme disent les Anglais. Tout est là, en effet,

montrer en quoi il diffère de l'état normal ; dire à quelles conditions et dans quelles circonstances les passions et les sentiments passent à l'état poétique ; parcourir l'échelle entière des impressions de cette nature que l'imagination humaine peut éprouver... ; en un mot, étudier notre âme dans l'infinie variété des plaisirs que peut y faire naître la vue poétique de l'homme, de la nature, ou d'elle-même, tels sont les principaux objets que doit embrasser l'esthétique.

Impossible de se montrer ni plus intelligent, ni plus romantique, ni plus anti-classiciste :

Nous avons fini par nous apercevoir que l'homme, même sous

notre ciel tempéré[a], n'est pas seulement doué de raison et de sensibilité ; qu'il y a encore en lui *une autre faculté, tout à fait distincte de ses deux compagnes.*

[« Le XVIIIe siècle ... dit-il aussi, avait, poussé si loin le culte du rationalisme et la manie de la sentimentalité qu'il n'avait pas laissé la moindre place à la poésie. » Rapprocher ainsi, « rationalisme », et « sentimentalisme », n'est pas du premier venu.]

Cette faculté, il veut qu'on la nomme « imagination », le mot est équivoque, mais pour l'instant, peu importe.

L'art et la poésie, tels que nous les comprenons, n'ont pas *à agir directement sur la sensibilité ni sur la raison, comme l'éloquence et la philosophie ;* mais doivent s'adresser à l'imagination et n'agir sur la raison et la sensibilité que *secondairement et par contre-coup.*

Et, bien décidé à me couper, si j'ose dire, toutes mes prétendues hardiesses sous le pied :

C'est avoir, poursuit-il, une singulière idée de la poésie que de la vouloir sage comme un article du Code civil, et lucide comme la démonstration du carré de l'hypoténuse. *Il est temps de rétablir les principes.* Les plaisirs de l'imagination (mettons du sens poétique) ne sont presque jamais fondés que sur *quelque chose d'obscur ou d'inadmissible à la raison,* et je me fais fort de prouver que la nature de la poésie est d'être folle, ou, tout au moins, de le paraître. Quelque bizarre que cette assertion puisse paraître, il *est de fait* qu'un sujet est poétique en raison inverse de sa clarté.

Disons plutôt que toutes ces qualités ou défauts d'ordre intellectuel, clarté, obscurité, ne peuvent être attribués à une expérience supra-intellectuelle.

---

a. Ceci, à l'adresse déjà, des maniaques du Latium.

Aussi la poésie n'a-t-elle absolument aucune prise sur les vérités mathématiques, ni sur la partie démontrée des sciences physiques et d'observation...

Ce n'est pas encore assez dire : la poésie n'a de prise sur aucune vérité en tant que telle : son objet est le réel, et non pas le vrai.

L'homme est né pour connaître... Or, pour y parvenir, il lui a été donné deux instruments : la raison qui poursuit et atteint la science, et l'imagination qui n'atteint que la poésie qu'on peut appeler la *demi-science*, et mieux encore, la *pré-science*[a], par une sorte d'*instinct divinatoire,* que la philosophie n'a pas assez étudié, l'imagination saisit des rapports trop fins pour être perçus par d'autres qu'elle.

Au reste, nulle « opposition », nulle « dissonance entre la poésie et la raison ».

Elles ne sonnent pas, il est vrai, à l'unisson ; elles suivent en cela la loi des accords ; l'intervalle est plus ou moins hardi, plus ou moins difficile à saisir, mais il est exact et harmonique ; il ne faut que posséder un sens assez délicat pour le percevoir. Il existe entre la poésie et la raison une conformité secrète et finale que le temps révèle.

[Il cite en passant et discute une affirmation de Jouffroy qui n'est pas non plus pour nous déplaire, tout à fait. « La poésie chante les sentiments de l'époque sur le beau et le vrai (curieuse formule !). Elle exprime la pensée (?) confuse des masses d'une manière plus animée, *mais non plus claire, parce quelle sent plus vivement cette pensée sans la comprendre davantage. La philosophie la comprend. Si la poésie la comprenait, elle deviendrait la philosophie et disparaîtrait.* (Si l'œil percevait la musique, il deviendrait l'oreille et disparaîtrait). Voilà pourquoi Pope et Voltaire sont des philosophes et non de poètes. Voilà pourquoi la poésie est plus commune et plus belle dans les siècles les moins

---

a. Et mieux encore l'*hyperscience.*

éclairés (mais non!), plus rare et plus froide dans le siècles de lumières (mais non! Shakespeare, Wordsworth, Keats); voilà pourquoi, dans ceux-ci, elle est le privilège des ignorants!» Ni des ignorants, ni des savants; elle est le privilège des poètes, de ceux qui ont reçu ce don, cette faculté, laquelle se distingue de la raison.]

Je répète que tout ceci a été écrit dans la *Revue des Deux-Mondes*, et en 1833. Autant que je sache, le débat ainsi amorcé ne sera repris chez nous qu'avec Baudelaire. Encore l'esthétique de celui-ci ne sera-t-elle pleinement comprise qu'après la victoire du symbolisme. Magnin est un esprit d'avant-garde — et, chose toujours rare en France — un esprit européen[a]. Chez nous, du reste, la critique des poètes, même quand elle se rallie aux romantiques, à Baudelaire, à Verlaine, reste exclusivement fidèle aux traditions de l'humanisme classique. Toute à savourer le plaisir que lui donnent les beaux vers, le mystère poétique l'intrigue fort peu. De Laharpe à Sainte-Beuve, et de celui-ci à Lemaître, le goût va s'élargissant, mais il continue à régner seul. Je ne parle bien entendu que de la critique poétique proprement dite.

[Ceci est vrai, même pour certains de qui le goût n'est pas la faculté maîtresse. Scherer, par exemple, si intelligent, et, si je peux dire, « si européen ». Son article sur Wordsworth est curieux (*Études,* VII). Pour lui, comme pour Magnin, la poésie est « la conception imaginative des choses, mais il prend le mot imagination au sens où le prend l'ancienne critique. Il conclut, sans sourciller : « Aussi l'image est-elle le langage propre de la poésie », ce qui nous ramènerait au P. Rapin. Il doit beaucoup à Mathieu Arnold, mais je ne suis pas très sûr qu'il l'ait compris. Il a sur Keats, une phrase douloureuse : « Avec tous ses défauts, Keats

---

a. J'évite scrupuleusement de nommer Vinet qui nous mènerait très loin, mais qui est tout avec nous.

est très loin d'être le premier venu ! »]

La formule a été fixée par Fénelon dans sa *Lettre à l'Académie*. Elle est exquise, elle est bienfaisante, indispensable même, puisqu'enfin nous n'avons pas d'autre rempart contre les barbares, mais elle est courte, incomplète, fermée aux inquiétudes plus hautes qu'a réveillées le romantisme. Formule qui suffit à rendre raison du Lutrin, voire des Odes d'Horace, non de Virgile, non de Lamartine.

La critique anglaise au contraire, s'est trouvée spontanément à la hauteur de la poésie nouvelle, de la poésie tout court. Rencontre peu surprenante, puisque dès l'aurore du romantisme, le travail proprement critique a été fait par les poètes eux-mêmes — Coleridge, Wordsworth, Ch. Lamb, Shelley, Keats, puis Mathieu Arnold. Je vais citer une page de celui-ci sur le « pouvoir magique de la poésie ». Elle est dans l'article sur Maurice de Guérin :

> Je ne me flatte certes pas de bien connaître aujourd'hui la langue française, mais, à une époque où je la connaissais moins encore — il y a quinze ans de cela — je me rappelle avoir persécuté mon entourage en lui répétant — Dieu sait combien massacrée par mon accent ! — cette phrase dont le rythme me possédait, m'obsédait : *Les dieux jaloux ont enfoui quelque part les témoignages de la descendance des choses ; mais au bord de quel Océan ont-ils roulé la pierre qui les couvre, o Macarée... ?*

Le privilège spécifique de la poésie est un certain pouvoir qu'elle a d'interpréter les choses. Entendez par là, non pas le pouvoir de tracer, avec du blanc sur du noir, une explication du mystère de l'Univers, mais le pouvoir de nous présenter les choses d'une telle façon que s'éveille en nous un sentiment merveilleusement riche, original, intime des choses et de nos relations avec elles. Que ce sentiment s'éveille en nous à l'endroit des objets qui nous sont extérieurs, et aussitôt nous nous sentons en contact avec la nature même, avec l'essence de ces objets : ils ne nous causent plus d'angoisse, ils ne nous accablent plus[a]; nous tenons leur secret; l'harmonie s'est faite entre nous et eux. Sentiment qui nous apaise, qui nous comble comme nul autre ne pourrait faire...

[Il ajoute ici que les poètes ont aussi une autre façon d'interpréter l'univers; la façon des philosophes, sans doute. M. Arnold n'est jamais arrivé à prendre une claire conscience de sa propre pensée : le puritain de ses deux moi ne résistait pas assez au prestige — anti-poétique — ou didactisme.]

Ce sentiment n'est-il pas illusoire; peut-on prouver qu'il ne l'est pas, et que le contact est possible entre nous et la réalité des choses? Je laisse de coté ce problème, et j'affirme simplement que la poésie peut éveiller en nous le sentiment que je viens de dire, et que pouvoir éveiller en nous un sentiment de ce genre est un des plus hauts privilèges de la poésie[b]. Les interprétations scientifiques de l'univers ne nous donnent pas, comme fait la poésie, ce sentiment intime de contact, de possession. La science (il veut dire la philosophie, tous les didactismes) s'adressent à une faculté particulière (il veut dire la raison), non à l'homme tout entier. Ce n'est pas Linné, ce ne sont ni Cavendish, ni Cuvier qui font passer en nous le vrai sentiment des animaux, des sources, des plantes; c'est Shakespeare... Wordsworth..., Keats...; c'est Chateaubriand avec sa *cime indéterminée des forêts;* c'est Sénancour avec ses bouleaux de montagne : *Cette écorce blanche, lisse et crevassée, cette tige agreste, ces branches qui s'inclinent vers la terre, la immobilité des feuilles, et tout cet abandon : simplicité de la nature, attitude des déserts...* C'est par là que se manifeste ce pouvoir magique de la poésie[c].

Comme on le voit, le progrès est considérable, de Magnin

---

a. C'est là proprement l'effet de la catharsis, comme nous le montrerons plus loin.

b. C'est toujours l'hésitation que nous avons déjà remarquée. Pour nous la poésie n'a pas d'autre privilège que celui-là. Il est du reste assez beau : c'est par là même qu'elle est poésie.

c. *This magical power of poetry*, Mathew Arnold, *Essays in criticism*, Maurice de Guérin (1865).

à Arnold. L'un et l'autre, ils ont le mérite d'isoler le fait poétique, et de s'attacher à le décrire, mais Magnin, par le dehors; Arnold, par le dedans. Magnin est surtout frappé par cette sorte de commotion qui accompagne l'expérience poétique; Arnold met en lumière ce que cette commotion semble apporter avec elle, à savoir une sorte de contact avec le réel. Il se produit une sorte de courant, galvanique, dit Magnin : ce courant, continue Arnold, nous met en possession de quelque chose, et ce quelque chose n'est pas une vérité, n'enrichit pas immédiatement et d'abord notre intelligence. Cet enrichissement reste encore très mystérieux, il le restera toujours. A nous de réduire de plus en plus l'obscurité qui l'enveloppe, et c'est quoi va s'employer un autre critique anglais, le premier, peut-être, des critiques d'aujourd'hui, M. A. C. Bradley.

Nommé professeur de poésie à Oxford en 1901 — cette chaire de Poésie est une des gloires de l'Angleterre —; M. Bradley avait choisi pour sujet de sa leçon inaugurale, *Poetry for Poetry's sake, La poésie pour la poésie;* autrement dit, ce qu'il y a de proprement poétique dans un poème, où il y a tant d'autres choses; autrement dit : *La Poésie pure*[a]. Je me rappelle encore, après plus de vingt ans, l'impression profonde qu'avaient faite sur moi ces quelques pages. Oh! je les comprenais fort mal, mais je sentais confusément par suite de quels préjugés rationalistes et anti-mystiques, je n'arrivais pas à les comprendre. Depuis, elles n'ont pas cessé de me travailler, et si, à mon tour, j'ai pu faire avancer d'un pas la solution de l'unique problème, c'est, après

---

a. Pour M. Bradley, comme pour moi, *Poésie pure* est une abstraction « Je ne crois pas, écrit-il, qu'il existe dans la nature des choses quelque chose qui ne serait que poésie. » *Oxford lectures on Poetry*, Londres, p. 145.

Newman et les mystiques, à M. Bradley que je le dois.

Pour des raisons qu'il serait trop long de déduire ici, je laisse de côté cette première leçon pour m'en tenir à une de celles qui suivirent, et qui est consacrée aux « vues de Shelley sur la poésie ». Le long passage que je vais essayer de traduire n'est pas d'une limpidité cartésienne. C'est qu'il s'agit de définir l'indéfinissable, à savoir l'expérience ou la connaissance poétique, une connaissance qui, à proprement parler, n'en est pas une, puisque, bien qu'elle éclaire et enrichisse notre âme profonde, elle n'apprend rien à notre entendement.

Pour Shelley, la poésie est une création, sans doute, mais d'abord une révélation. L'inspiration prime tout. Une influence étrangère s'empare du poète qui ne peut ni la comprendre ni la contrôler : une puissance divine le pénètre, l'oblige à produire certaines images de perfection, par où il tâche de disputer au néant qui les guette ces visites de Dieu à l'homme. C'est la Poésie[a]. Shelley veut la défendre contre ceux qui soutiennent qu'à mesure que la civilisation progresse, la poésie est condamnée à décliner, et qu'elle doit quitter la place à la raison et à la poursuite de l'utile. Non, son message est toujours de saison ; c'est elle, et elle seule, qui nous présente les formes idéales de la perfection où nous devons tendre.

Mais quoi! si la poésie a pour mission de nous rendre parfaits, ne faut-il pas conclure de là que la mission du poète

---

a. Comme presque tout le monde, Shelley appelle cette faculté poétique « imagination ». Keats l'appelle « sensation ». « *O for a life of sensations rather than of thought.* » Oh! qui me donnera de ne plus penser, de toujours sentir, sentir veut dire ici « sentir poétiquement ». Bradley, *Oxford lectures on poetry*, p. 234.

est d'enseigner, et que par suite, la connaissance poétique est une connaissance rationnelle, au sens rigoureux du mot. Non pas du tout et nous voici au cœur du problème.

« J'ai la poésie didactique en horreur, disait Shelley ; il est vain, il est ennuyeux de mettre en vers ce qui pourrait s'exprimer aussi bien en prose. Oh ! voilà une sottise dont Homère était incapable, ou n'importe lequel des poètes du premier rang. Mais ceux chez qui le don poétique, bien que réel, est moins intense, Euripide, Lucain, Le Tasse, Spencer, par exemple, se sont souvent proposé un but moral. Résultat : plus ce but devient apparent, plus leur poésie décline. » Entendez-le bien, reprend M. Bradley : que la poésie soit bienfaisante, qu'elle doive contribuer au progrès moral de l'humanité, Shelley serait le dernier à le contester ; ce qu'il ne tolère pas est que cette fin morale, la poésie la poursuive didactiquement. Le poète n'a pas à donner d'*instruction* morale, pas à communiquer de doctrines, il n'a pas à défendre par des arguments ses idées sur le bien ou le mal ; il ne s'adresse pas à la raison raisonnante de ses lecteurs. Améliorer vos semblables, dit-il au poète ; eh ! sans doute, c'est là votre strict devoir d'homme ; mais de ce devoir vous devez vous acquitter en poète, à la manière des poètes, laquelle n'a rien de commun ni avec l'argumentation, ni avec le sermon. Enseigner, prouver, la prose le fait aussi bien et mieux. Mais laissons parler M. Bradley, que jusqu'ici je n'ai fait que résumer :

A prendre les mots au sens large, la poésie est une interprétation de la vie, et, étant donné ce qu'est la vie, une interprétation morale[a]. Cette interprétation ne peut avoir de valeur poétique

---

a. M. Bradley fait ici allusion à une fameuse et équivoque définition de M. Arnold. « La poésie est une critique de la vie ». Son objet est de

que si elle s'adresse directement à l'imagination (ou à la faculté poétique) et non pas à la raison, et cependant nous en ferions moins de cas si elle n'enrichissait pas nos connaissances, si elle ne nous conduisait à une compréhension plus vaste et de nous-mêmes et du monde.

Avec cela on peut soutenir, — et c'est là une conviction commune à tous ceux qui sentent vraiment la poésie — que l'interprétation morale la plus originale, la plus profonde et prenante sera très rarement celle qu'aurait dictée au poète un parti-pris de moraliser, d'enseigner; rarement celle qui se trouverait immédiatement soumise aux directions d'une croyance ou d'une doctrine consciente et réfléchie. En règle générale, nous apprenons beaucoup plus des poètes qui ne se proposent pas de nous rien apprendre; de ceux dont il se peut même que nous ignorions tout à fait les idées personnelles sur les choses de la morale. Objection redoutable contre le didactisme : le dessein d'enseigner une doctrine ou de rendre meilleur, plus il apparaît, moins il a de chances de réussir.

Voici pourquoi, me semble-t-il : d'un homme de génie, c'est le génie même qui nous enrichit, plus que tout le reste. Or il peut se rencontrer sans doute des poètes merveilleusement doués du côté des facultés intellectuelles, mais ce ne sont pas ces facultés qui font proprement leur génie; c'est leur imagination. D'où il suit que ses interprétations les plus personnelles, profondes, prenantes, c'est à la faculté proprement poétique du poète qu'elles se présentent d'abord, c'est par l'intermédiaire de cette faculté qu'elles se communiquent au lecteur. Cette faculté, comment, d'ordinaire, procède-t-elle? Est-ce en appliquant comme un revêtement d'images à une idée antérieurement conçue? Non, c'est en produisant d'une manière qui n'est qu'à moitié consciente, certaines représentations, desquelles, une fois créées, le lecteur pourra, si cela lui plaît, dégager des idées proprement dites. Exagérons pour plus de clarté : la poésie, à la prendre psychologiquement, n'exprime pas des idées, ne propose pas de vues rationnelles sur la vie; elle est suggestion et création.

---

fortifier cette définition, mais en la désintellectualisant; ce qu'Arnold a négligé de faire.

[Le texte est d'une précision, et d'une difficulté extrême : je dois le citer. « Therefore his deepest and most original interpretation is likely to come by the way of imagination. And the specific way of imagination is not to clothe in imagery consciously held ideas; it is to produce half-consciously a matter from which, when produced, the reader may, if he chooses, extract ideas. Poetry (I must exaggerate to be clear), psychologically considered, is not the expression of ideas or of a view of life; it is their discovery or creation, or rather both discovery and creation in one ». Deux points m'embarrassent : je ne vois là aucune exagération, l'activité poétique, prise en soi, n'ayant pas, ne pouvant pas avoir pour terme une idée, une conception de l'esprit; puis le mot « discovery », qui, pour moi ne peut avoir ici de sens acceptable que s'il signifie le travail (intellectuel) de *découverte,* rendu possible, stimulé car la création poétique, laquelle n'est pas, en soi, une découverte. Mais, encore une fois, il s'agit de définir l'indéfinissable.]

La philosophie que nous pouvons extraire de *Hamlet* ou de *Lear,* Shakespeare ne l'a point plaquée telle quelle, (à l'état de philosophie, de vues exprimées) sur les antiques légendes qu'élaborait son génie. Ce qu'il ajoutait au bloc de ces légendes, c'était la substance même, toute massive, de sa propre imagination, les trésors d'expérience et de réflexion obscurément couvés dans les profondeurs de son être. Ce ferment riche et confus, travaillant ces légendes auxquelles Shakespeare ne demandait que de lui fournir un sujet de drame, soulevait, embrasait cette matière, lui imprimait les mouvements d'une vie intellectuelle, y jetant une abondante semence de vérités que peu à peu le travail de la composition mettait en lumière; MAIS CES VÉRITÉS NE S'ÉTAIENT PAS D'ABORD OFFERTES SOUS LEUR FORME RATIONNELLE À L'INTELLIGENCE DU POÈTE, et il est probable que, même pendant les dernières étapes de la composition du poème, ces vérités ne se présentaient pas au poète sous leur forme de vérités.

Il est probable en d'autres termes, que même son œuvre achevée, le poète ne prend pas une conscience réfléchie des idées qu'elle contient à l'état de germe ou d'amorce, par exemple des vues sur le mystère de l'être, que suggère au lecteur la tragédie de *Hamlet*.

Telles sont les interprétations dont nous parlons ; (tel ce *criticism of life*), que nous disons (avec Arnold) que renferme toute poésie véritable ; critique informulée et cependant indéfiniment instructive parce que cette critique de la vie, c'est le génie même de Shakespeare.

A côté de cette masse confuse et ardente, mettez ce que d'ailleurs nous ignorons et voudrions connaître de la philosophie proprement dite, consciente, réfléchie, et *formulable* de Shakespeare : rien ne nous assure que ce bagage aurait grande valeur. Les opinions, les convictions raisonnées, les croyances formelles des poètes sont rarement d'une qualité aussi précieuse que leurs créations purement imaginatives.

L'intelligence de quelques-uns peut être magnifique ; Gœthe, par exemple ; mais d'ordinaire, rien d'original. Leurs « idées », ne diffèrent pas de celles que se forment tous les jours d'honnêtes gens qui n'ont pas de génie. Philosophie, mais banale, et dont la poésie n'a que faire. Il est très vrai que nous demandons à la poésie une « interprétation morale », de la vie, mais une interprétation d'un genre tout spécial et que seule la poésie peut donner.

Homère, Shakespeare n'ont aucune doctrine morale à nous enseigner. Milton en a une qu'il nous propose à grands renforts d'arguments : il s'évertue à « justifier les voies de la Providence ». Rien de poétique dans ce travail de théologien ; sa poésie profonde n'est pas là. Gœthe lui-même n'aurait pu dire ce qu'il se promettait d'exprimer dans le premier *Faust*. C'est son propre poème qui le lui a montré, et c'est par là que ce poème est une telle merveille. Pour le second *Faust*, il ne savait que trop bien ce qu'il voulait dire, et le second *Faust*, précisément à cause de cela, est un poème plus ou moins manqué. Ainsi de l'échec partiel de Tennyson dans les *Idylles*. Il a voulu bâtir un grand poème sur quelques vues très explicites : l'âme ravagée par les passions. Il a échoué, non parce que ces idées n'étaient pas justes, mais parce qu'elles n'étaient pas la création de son génie poétique. Si la poésie de Shelley est bienfaisante, si elle nous rend meilleurs, cela n'est pas dû aux doctrines que cette poésie développe : cela est dû à une intuition qui ne se distingue pas de l'âme profonde de Shelley, l'intuition de la valeur unique de l'Amour[a].

Cette construction laborieuse vous satisfait-elle ? J'espère bien que non. Je voudrais plutôt qu'elle vous irritât, qu'elle vous laissât l'impression d'un lourd piétinement dans la nuit. Croyez-moi, le premier venu ne piétinerait pas ainsi. Encore une fois, il ne s'agit pas de vous faire comprendre en quoi consiste l'activité poétique, mais au contraire, de vous amener à réaliser l'impossibilité où nous sommes de la comprendre jamais ; puis de vous amener à déduire — oh! très rationnellement — de cette impossibilité elle-même, quelques lueurs sur l'expérience poétique. Qu'on me permette de piétiner à mon tour et en pédagogue.

Ceux qui auront compris sans résistance, et pour ainsi dire, au pied levé, ont passé allègrement à côté de la pensée de M. Bradley. Avec Shelley — et presque tout le monde — M. Bradley commence par répéter que la mission du poète, bien que moralisante, n'est pas celle du prédicateur. Eh! quoi! n'est-ce que cela, aura-t-on pensé ? Nous admettions déjà ce truisme : l'*Iliade* n'est pas, elle ne doit pas être un sermon. Fort bien, mais prenez-donc garde qu'un tel critique ne perdrait pas son temps à vous rappeler des truismes, s'il n'entendait pas nous conduire par là à quelque vérité beaucoup plus subtile et plus combattue. Son dessein est

---

[a]. *Oxford Lectures on Poetry*, Londres, 1923, pp. 151-174, passim. J'ai pris mille libertés avec le texte. On trouvera les amorces d'un développement presque tout semblable dans le *Valéry* de Thibaudet.

de montrer, non que l'*Iliade* n'est pas, mais qu'elle ne *peut pas* être un sermon ; ou, en d'autres termes, que le poète, en tant que poète, se trouve dans l'impossibilité absolue ne donner des leçons de morale ; impossibilité particulière, qui en suppose une autre, plus étendue et plus radicale, à savoir que le poète, en tant que poète, non seulement ne doit, mais encore ne peut enseigner quoi que ce soit, pas plus que l'oreille en tant qu'oreille ne peut humer un parfum. De l'expérience poétique à l'activité enseignante, les ponts sont coupés, comme ils le sont entre l'oreille et les émanations odorantes. Une poésie didactique est un monstre, moins encore, une absurdité, un cercle carré.

Ici encore, on bondit sur une évidence facile, et on perd le fil du raisonnement. « Didactisme » ? Qu'est-ce à dire, pense-t-on ? Eh ! tout bonnement que le poète n'est pas un professeur, pas plus que tantôt un prédicateur ; qu'il ne doit pas présenter, ordonner, développer, ses idées selon les règles communes de la logique, allant du connu à l'inconnu, multipliant les définitions, rangeant ses arguments en bataille : bref, que l'*Iliade* et le *Discours de la méthode*, cela fait deux. Encore un truisme que l'on ne songe pas à contester, et qui ne fait pas avancer d'une ligne la discussion sur l'essence de la poésie, Je me rappelle M. Souday, pendant la controverse sur, la poésie pure. Comme je brandissais, en guise de talisman, l'anathème, jeté par Edgar Poe et Baudelaire au Didactisme, il me répondait triomphalement ; mais, bien entendu, les contraintes de l'appareil didactique gênent le développement normal du poète. Nous sommes tous d'accord là-dessus. Comment cela prouve-t-il que l'activité poétique n'est pas une activité rationnelle ?

Eh ! c'est qu'il s'agit pas ici de l'appareil didactique, mais du didactisme en soi, lequel n'est pas autre chose que l'exercice normal de l'intelligence et de la parole. Pour faire, si j'ose ainsi parler, du didactisme, pas n'est besoin de grimper dans une chaire, de remuer le sucre dans le verre d'eau, et de dire : Je vais vous montrer premièrement que..., secondement que... Cela c'est le didactisme doctoral, en robe jaune, et qu'il va sans dire que le poète doit éviter comme le feu, Mais exprimer une idée, quelle qu'elle soit, et avec le moins de fracas possible, et sans vouloir faire la leçon à personne ; mais dire simplement : « J'ai soif ; la première hirondelle vient d'arriver ; la vie est un combat... », c'est encore du didactisme. Bien ou mal, peu ou prou, on ne parle communément que pour dire, et, par conséquent, que pour faire savoir, que pour *enseigner* quelque chose. *Didactise* en un mot, quiconque ouvre la bouche ou prend la plume pour communiquer une idée. Dire que la poésie ne peut pas être didactique, c'est dire que le poète, en tant que poète, n'est pas, ne peut pas être celui qui cherche à communiquer ses idées.

Alors, vous lui défendez de penser ? Non, pas plus que je ne défends à l'oreille de percevoir des odeurs. C'est une impuissance que je constate, et métaphysique. Tout le développement de M. Bradley na pas d'autre objet que de nous aider à réaliser cette impuissance, laquelle, d'ailleurs, n'a rien d'humiliant. De ce que le poète est doué d'un sens particulier qui fait de lui précisément un poète, et qui par là le distingue des autres hommes, il ne s'ensuit pas qu'on lui dénie les facultés qui sont communes à tous les hommes, et, par suite, la raison. En tant qu'homme raisonnable, il pense, il a des idées, et, en tant qu'homme social, il exprime ces idées, ayant recours pour cela au langage de tous, à la prose.

En tant que poète, il se trouve favorisé de certaines expériences, qui certainement lui sont bonnes, qui l'enrichissent, mais qui ne lui apprennent immédiatement rien de nouveau ; qui n'ajoutent, ni peu ni prou, à ses connaissances rationnelles, à ses idées. Mais, dira-t-on, puisqu'il est tout ensemble, et homme raisonnable, et poète, les idées qui lui viennent en sa qualité d'homme raisonnable, pourquoi ne voulez-vous pas qu'il tâche de les exprimer poétiquement ? Cette question, hélas ! ne présente aucune espèce de sens. Autant demander aux sensations auditives de se transformer en sensations olfactives, au bras de chanter. La voix peut s'accompagner de gestes — le gosier et les bras appartenant au même personnage — mais qu'un geste vocalise, la nature des choses le défend. En tant que poète, il serait donc condamné au silence ? Oui et non. Son expérience de poète n'étant pas une activité rationnelle, ne le mettant pas en relation avec le vrai par l'intermédiaire des idées, cette expérience reste, en elle-même, ineffable. Les plus beaux mots du monde ne la peuvent traduire, puisque les mots ne traduisent que des idées. D'un autre côté, c'est un fait certain, que cette expérience, le poète ne peut pas la garder pour lui. Plus elle est magnifique, et donc, plus ineffable, plus il éprouve le besoin de nous en faire part. Il parle donc, autant dire qu'il exprime des idées, car parler n'est pas autre chose. Il prend le seul moyen imaginable d'entrer en communication avec nous. Mais, au lieu que, dans le langage normal, cette transmission d'idées — ce didactisme — est la dernière et unique fin que se propose celui qui parle, ici, elle n'est plus qu'un moyen. Par l'intermédiaire des idées qu'il exprime, ou plutôt par l'intermédiaire des expressions même qu'il emploie, le poète a dessein, non pas de nous apprendre quoi que ce soit, bien qu'il ne puisse s'exprimer sans nous apprendre quelque chose, mais de faire passer en nous un certain ébranlement, mais de nous entraîner, à une certaine expérience, mais de nous élever à un certain état.

[« Pour nous communiquer son expérience dit Miss Underhill, le mystique s'en tire comme il, peut, sachant parfaitement, du reste, que cette expérience est incommunicable. Il prend des chemins de traverse, il demande à des suggestions, à des comparaisons, de stimuler l'intuition endormie du lecteur et d'inviter celui-ci à ne pas s'arrêter à la surface du sens exprimé. C'est là la nature même du langage poétique. » Evelyn Underhill, *Mysticism*, london, 1911, pp. 94-95.]

C'est en cela même que consiste le miracle de la poésie, ou, comme nous disons parfois, sa magie. Les mots du langage ordinaire n'ont qu'une fonction à remplir, qu'une vertu à exercer : faire naître dans l'esprit de qui les entend les représentations intellectuelles qui se trouvent correspondre à ces mots. Les mots de la poésie ont une double fonction, une double vertu. Le poète, qui est bien obligé de les employer, les prend tels qu'ils sont, il attend d'eux le service qu'un mot peut rendre : évoquer telle ou telle idée. Mais, tout en les employant de la sorte, précisément parce qu'il est poète et dans les conditions particulières que nous savons, le poète imprime à ces mêmes mots une vertu nouvelle, qui ne leur appartient pas en propre, que nulle convention ne pourrait leur assigner. Vertu que nous appelons magique, soit pour la distinguer de la vertu naturelle des mots, soit pour symboliser l'étrange pouvoir que le poète leur confère, ce pouvoir de rayonnement, de contagion, qui fait que rien qu'à entendre ces mots, nous nous trouvons soudain, non pas seulement enrichis des idées que ces mots transmettent, mais remués dans nos profondeurs.

Animus et *Anima* : la raison et la poésie. Les mots considérés dans leur être naturel, c'est-à-dire comme signes des idées, appartiennent au maître exclusif des idées, c'est-à-dire à *Animus*. Il les a façonnés à son image, les rationalisant jusque dans les moelles. Lorsque *Anima* veut parler, force lui est bien d'emprunter les lexiques d'*Animus*. Mais, sans rien leur enlever de ce qui fait leur substance, à savoir la propriété de représenter des idées, ces mots qu'elle emploie, elle a le secret de les associer tels quels à son activité propre, de leur transmettre ses propres vibrations, de leur insuffler sa propre vie. Transmutation indéfinissable, mais qui est un fait d'expérience. *Animus* écoute cette chanson, et il rit de son gros rire.

« Eh ! dira-t-il, elle m'a pris tous mes mots, et sans ajouter l'ombre d'une nuance nouvelle aux idées qu'ils représentent. Alors, à quoi bon tant d'embarras ? » C'est là, comme on se le rappelle, le raisonnement très juste de l'esthétique rationaliste ; la raison n'étant accessible qu'au didactisme, toute poésie lui est fermée. Oui ou non, lui apprenez-vous quelque chose ! Si oui, vous ne faites que ce que la prose peut faire aussi bien et mieux. Sinon, taisez-vous...

> Et pourtant elle est immortelle
> Et ceux qui se sont passés d'elle
> Ici-bas ont tout ignoré...

VIII
Vers une philosophie mystique de la Poésie

Quel besoin de répéter à chaque ligne que nous ne sommes pas ennemis de la raison. Cela est bon pour ceux qui n'ayant en elle qu'une confiance réduite, crient à tue-tête qu'ils l'adorent, qu'ils ne permettront pas qu'on la dénigre, comme d'autres chantent, la nuit venue, pour se persuader qu'ils n'ont peur ni des brigands ni des fantômes. L'hommage le plus sincère qu'on puisse lui rendre est d'appliquer rigoureusement ses méthodes, Que nous ayons le ferme dessein, et très raisonné, de mettre en question son monopole, nous ne nous en cachons guère, mais c'est elle-même, et elle seule que nous invitons à cet examen, à cette vérification de frontières.

Ils sont « effarants », disait de nous, pendant la controverse sur la Poésie pure, un brave garçon assez excité qui s'appelle, je crois, ou Fontainas ou Ernest Prévost. Par bonheur, ajoutait-il, de nous autres — les Poètes — il n'en est quasi pas un que l'on ait vu se fourvoyer dans cette mêlée. Eh! parbleu, qu'y seraient-ils venus faire? Un oiseau ne trouverait pas moins effarant un débat scientifique sur le mécanisme du vol, en pleine Académie des Sciences. Chacun son métier : le nôtre est d'analyser l'expérience poétique, telle que la réalisent les chefs-d'œuvre des vrais poètes ; le leur est de poursuivre cette expérience ineffable, de se cramponner aux crins de l'antique cheval, de s'enivrer à l'antique fontaine. Ni moi, juste ciel ! ni personne, parmi ceux qui ont bien voulu prendre une part sérieuse au débat, nous n'avons songé à nous mêler, pendant le débat lui-même, à ces cavalcades éperdues et à ces saintes orgies. Plus d'un poète nous a rejoints, mais non sans avoir, au préalable, laissé luth et laurier au vestiaire, revêtu la robe sombre, l'allure paisible du philosophe ou du savant.

Eh ! quoi ! diront-ils n'invoquez-vous pas, à chaque instant, le témoignage des poètes ? Oui, mais de ceux qui acceptent la règle du jeu, laquelle est ici de raisonner et non de chanter. Dans sa *Défense de la Poésie,* Shelley fait uniquement figure de philosophe. Ainsi de Wordsworth, de Keats, de Poe, de Baudelaire, lorsqu'ils étudient l'essence de la poésie : problème exclusivement rationnel, comme la discussion de n'importe quelle essence. N'inviterait-on pas au débat sur le mécanisme du vol l'oiseau miraculeux qui serait aussi docteur ès sciences ? Ni Shelley ni Poe ne nous eussent trouvés effarants, et d'autant moins que nous ne faisons que développer leurs propres idées. Si haut que nous les placions, les poètes nous appartiennent. Si la poésie est une réalité, une des forces de la nature, elle ne saurait échapper à l'examen critique de la raison.

[Le « témoignage » des poètes, est une expression équivoque. On peut entendre par là toutes les confidences que les poètes veulent bien nous faire sur leur activité poétique, telle qu'elle se présente à leur souvenir. Ainsi, Gœthe nous disant que lorsqu'il s'est mis à écrire *Faust,* il ne se proposait aucune thèse à démontrer. D'où qu'ils viennent, ces témoignages-là intéressent la science. Mais si, par témoignage on entend les opinions, proprement philosophiques, de tel ou tel poète sur la nature même de la poésie, ces opinions vaudront exactement ce que vaut l'intelligence spéculative de ce poète. Souvent peu de chose. J'aime mieux savoir ce que M. Bergson pense de la poésie en soi, que ce qu'en pense Villon.

Maurice Blondel, dans *Cahiers de la Nouvelle journée : Qu'est-ce que la Mystique ?* Paris, 1925, écrit : « D'une façon de procéder qui, mettant les faits dits mystiques (ou poétiques) à la porte de la raison serait la négation même de l'esprit philosophique, aussi bien que de l'objet propre de la mystique (ou de la poétique) ». Et il reprend le mot d'Aristote sur la métaphysique : « S'il faut philosopher, eh ! bien philosophons. S'il ne faut pas philosopher, il faut encore philosopher, ne fût ce que pour préciser les raisons de nier. »]

La raison est lente ; elle marche et ne saute point. Où en sommes-nous, après déjà tant de pages ? Oh ! pas très loin. Un seul pas, d'ailleurs décisif. Nous avons dégagé, isolé l'expérience poétique, et cela, non cas encore en décrivant cette expérience, mais simplement en la distinguant des activités proprement intellectuelles qui l'accompagnent, qui se greffent en quelque sorte sur elle, et qui, plus connues, plus éclatantes, surtout plus communicables, menacent de la voiler aux yeux de plusieurs. Nous savons beaucoup moins ce qu'elle n'est pas que ce qu'elle est.

Dire que l'activité poétique se distingue de l'activité rationnelle, est-ce donc là une nouveauté ? Non, pas du tout, et heureusement. Le torrent de la tradition a toujours admis cette différence capitale. La nouveauté, et c'est là, je le redis, tout le romantisme, c'est d'exalter cette expérience, de la tenir pour souverainement noble et bienfaisante, au lieu que Platon, Aristote, Plotin, Lamotte, Buffier, la méprisent, précisément parce qu'elle n'est pas rationnelle. Jusqu'ici néanmoins, cette excellence du don poétique, n'a guère été pour nous qu'un acte de foi. Nous n'avons pas tenté de la démontrer et nous n'avions pas encore à le faire. Avant de qualifier un phénomène quelconque, il faut se convaincre de la réalité de ce phénomène. La dent d'or dont parle Fontenelle. Or ou cuivre, on verra plus tard. Commençons par nous demander si, oui ou non, cette dent a existé, montrer que l'expérience poétique n'est pas un mythe, c'est jusqu'ici ce que nous avons essayé de faire. Avançons maintenant : essayons d'arriver à une idée moins négative, et, par là même, de justifier notre acte de foi romantique.

Un critique éminent à qui l'on doit aussi deux chefs-d'œuvre de philosophie politique, et qui fut, d'ailleurs, chose remarquable, un grand financier, W. Bagehot écrivait, il y a soixante ans :

> Aujourd'hui encore (1864), l'idée de prendre la poésie au sérieux, au profond, de voir en elle une incomparable maîtresse d'élévation et de sagesse, cette idée paraîtrait absurde à presque tout le monde. La poésie n'est aux yeux du gros public, qu'un jeu de salon pour heures perdues, qu'une sorte de roman-feuilleton rimé. Je n'oublie pas qu'il y a quelque trente ans, M. Carlyle a rudement contredit sur ce point l'opinion commune. Mais c'est tout ce qu'il a fait. Il a protesté contre le paganisme triomphant, il n'a pas élevé sur ses ruines la religion de la poésie. Tout autour de nous une foi en la poésie cherche à se former, mais sans avoir pu y parvenir jusqu'ici. Quelque jour le mot que nous attendons sera dit, et du coup tout s'éclairera comme par enchantement. Les lambeaux de vérité qui nous attirent se rassembleront ; les pressentiments confus qui nous sollicitent, soudain cristallisés, se réuniront en une théorie juste et éblouissante. Mais nous n'en

sommes pas encore là [a].

Ce mot drapeau, ferment, clef de voûte et principe cristallisant, nous le tenons enfin, le mouvement impersonnel et irrésistible de la pensée contemporaine, l'ayant fait jaillir récemment de plusieurs côtés à la fois, en France, en Angleterre et ailleurs sans doute. Qu'il ait ou non rallié tous les suffrages, peu importe : quand nous disons aujourd'hui que l'expérience poétique est une expérience d'ordre mystique, ou, pour parler plus exactement, analogue à l'expérience mystique, nous irritons certes les derniers dévots du rationalisme, mais nous n'étonnons plus que l'arrière-garde. C'est par l'explosion, si l'on peut dire, de ce mot, que se termine mon petit discours académique sur la Poésie pure, et douze ans plus tôt, le R. P. de Grandmaison rangeait l'expérience poétique parmi « ces états naturels, profanes, où l'on peut déchiffrer les grandes lignes, reconnaître l'image et déjà l'ébauche des états mystiques ». C'est un théologien qui parlait ainsi ; on peut être assuré qu'il avait mûrement choisi et scrupuleusement pesé tous ses termes.

---

a. *Literary Studies* (Everyman's Library), t. II p. 307.

IX
Poésie et Mystique

Ce n'est qu'un mot. Nous le prenons parce qu'il nous aide à réaliser, à préciser, à critiquer l'idée confuse qu'on s'est toujours faite de la poésie. « Enthousiasme », « *Dic mihi Musa* », « Inspiration », « Influence secrète du ciel », cette phraséologie, un peu délayée, n'a de sens que si l'on attache à la poésie un caractère mystique « Dieu est en nous », chantait Ronsard,

> Dieu est en nous et par nous fait miracles,
> Si que les vers d'un poète escrivant,
> Ce sont des dieux les secrets et oracles,
> Que par sa bouche ils poussent en avant.

Au lieu de « mystique », ce même Ronsard aurait voulu « prophétique » :

> Celui qui ne nous honore
> Comme prophètes des dieux,
> Plein d'un orgueil odieux,
> Les dieux il méprise encore...

Plus humble, moins miraculeux, « mystique » vaut mieux. Il a surtout l'avantage de rappeler l'orientation nettement, exclusivement psychologique, que nous entendons donner au débat sur la poésie.

Ai-je besoin d'ajouter que ce mot n'est pas un sortilège ? La comparaison qu'il implique entre le vrai contemplatif et le poète, nous aurons à l'expliquer. Ce qu'on peut affirmer d'ores et déjà, c'est que ce rapprochement saute aux yeux, est inévitable. « Il y a, écrit un théologien anglais, M. Sharp, dans son traité de mystique, il y a certainement de frappantes ressemblances entre les éclairs d'inspiration par où se révèle et se définit le génie, et l'intuition mystérieuse de la présence divine accordée aux mystiques [a]. On vient d'entendre le R. P. de Grandmaison, comme lui et avant lui, le R. P. Maréchal, à qui nous devons d'excellentes études sur la Mystique, a plusieurs fois recours au même rapprochement. Pour moi je ne me distingue des uns et des autres que sur un point, que, du reste, je suis bien sûr qu'ils ne me contesteraient pas, un simple renversement de perspective. Au lieu d'éclairer, comme ils semblent vouloir faire, l'expérience mystique par l'expérience poétique, c'est à la première que je demande de me révéler la vraie nature de la seconde ; ce n'est pas l'expérience de Shelley qui m'aide à mieux connaître l'expérience de Jean de la Croix, mais, inversement, celle-ci, qui me rend un peu moins obscur le mystère de celle-là. Entre ces deux états, par ailleurs si différents, d'où viennent en effet, les ressemblances qui nous intéressent ? Un autre théologien va nous l'apprendre : « Le caractère surnaturel de notre vie intérieure, écrit le R. P. de Guibert, ne modifie pas *nécessairement le dessin psychologique de cette vie ;* là même où il le modifie, ce n'est pas en y introduisant violemment des éléments complètement étran-

---

a. A. B. Sharp, *Mysticism, its true nature and value,* London. 1910.

gers, mais bien en aidant, complétant, transformant, élevant ce qui constitue déjà notre activité psychique naturelle. » C'est donc par le dessin psychologique de son expérience propre, que le poète peut être comparé au mystique. En dehors de là un abîme de différences. Or, ce dessin psychologique, ces ressorts, ce mécanisme si compliqué, il se trouve précisément que les mystiques l'ont décrit avec une pénétration, un détail que vous chercherez en vain dans les confidences des poètes. Celles-ci se réduisent à fort peu de chose ; les plus riches, celles de Wordsworth, par exemple, dans son *Prélude,* ou d'Edgar Poe, sont comme rien si on les compare aux analyses autobiographiques, je ne dis pas seulement de saint Jean de la Croix ou de sainte Thérèse, mais du commun des mystiques. Les plus simples, les plus bégayants nous émerveillent, et le jour n'est pas loin où on ne comprendra même plus que les psychologues de métier aient, pendant tant de siècles, négligé de pareils trésors. Il faut savoir que, très différents en cela des poètes, les mystiques ne se résignent — le mot n'est pas trop fort — à leur redoutable privilège qu'après une résistance héroïque. Ils ont toujours peur d'être le jouet de quelque illusion. D'où ces examens impitoyables qu'ils se font subir à eux-mêmes ; d'où ces questions aux mille faces qu'ils posent à leurs directeurs ; d'où l'incomparable littérature que je viens de dire ; d'où enfin notre axiome : au mystique de nous expliquer le poète.

Quoiqu'il en soit, et avant d'esquisser le rapprochement qui nous intéresse entre le poète et le mystique, peut-être n'est-il pas inutile de calmer, une fois de plus, les scrupules de ceux à qui l'idée même de ce rapprochement paraît scandaleuse. Voici donc, en parfait accord avec les quelques lignes du R. P. de Guibert, qu'on vient de lire, le jugement d'un savant chrétien dont la compétence est universellement reconnue.

Le mystique, écrit le R. P. Maréchal, dans la réalité bien concrète de ses états spéciaux, ne dépouille ni son tempérament, ni ses infirmités physiques, ni ses nerfs, ni sa culture intellectuelle ou morale, ni sa réceptivité vis-à-vis des influences ambiantes, en un mot, ni sa physiologie ni sa psychologie naturelles...

Les « états mystiques », même supérieurs, si fortement marqués à l'estampille des individus qui les éprouvent, plongent des racines profondes dans la zone des activités psycho-physiologiques générales, continuent celles-ci, les prolongent en quelque façon, et en étendent la portée, bien loin de leur substituer des facultés totalement « nouvelles », et hétérogènes, peu intelligibles vraiment...

Sur ce principe — presque un truisme — tout le monde peut se mettre d'accord... : entre les modes fondamentaux de l'activité psychologique humaine et les diverses réalisations mystiques — jusques et y compris une mystique surnaturelle... il existe des *analogies de forme et des communautés de mécanisme.*

[Joseph Maréchal; professeur au Collège philosophique et théologique de la Compagnie de Jésus, à Louvain, *Etudes sur la Psychologie des Mystiques,* Paris, 1924, pp. 185-186. « La poésie n'est pas la prière; la poésie n'aboutit pas de sa nature à la piété », écrivait hier encore le R. P. Dom G. Aubourg. C'est tellement évident que je n'imaginais pas qu'on pût me soupçonner de le mettre en doute. De sa nature, c'est-à-dire aussi longtemps qu'elle reste poésie, elle ne saurait aboutir à la prière. M'appropriant, en la corrigeant, une phrase fameuse de Pater, j'ai dit simplement que la poésie tend de sa nature à rejoindre, non pas la musique, mais la prière. Puisque son essence est de tendre à rejoindre la prière, il va de soi, en bonne métaphysique, que la poésie, dès qu'elle deviendrait prière, ne serait plus poésie. « Tendre à rejoindre la prière », qu'est-ce à dire ? Eh ! tout simplement que, dans l'expérience poétique, se trouve mis en mouvement le même mécanisme psychologique que celui dont la grâce se sert pour nous élever à la prière. Dom Aubourg continue excellemment : « La poésie est un signe ; elle est L'INDICE D'UNE HAUTE FACULTÉ EN NOUS CAPABLE DE RECEVOIR DIEU, IMPUISSANTE DE SOI À L'APPRÉHENDER. (*La vie spirituelle*, 1926, p. 556). Pourquoi la poésie est-elle impuissante à appréhender Dieu, comme l'appréhende la prière ? Parce que la moindre prière digne de ce nom, et non pas seulement la contemplative, est un don surnaturel de Dieu.]

Ces analogies de forme, ces communautés de mécanisme, qui nous permettent de désigner par un même mot l'expérience du poète et celle du mystique proprement dit, nous allons les dégager sommairement : après quoi nous viendrons aux différences.

C'est, du reste, parce que, d'une manière plus ou moins confuse, nous les sentons hommes comme nous, que nous ne nous résignons pas à tout ignorer des mystiques. Notre premier mouvement à leur endroit serait de dire : « Eh ! que nous font ces êtres d'exception ? Laissons-les jouir seuls de leurs privilèges incommunicables, dont la seule description semble rendre notre nuit encore plus noire et plus étouffante ! Mais non. Si haute que nous paraisse leur expérience, loin de nous déconcerter comme une énigme ou de nous rebuter comme une chimère, elle nous fascine comme une promesse. Au lieu de mettre les mystiques hors de l'humanité, nous serions tentés plutôt d'ouvrir la carrière mystique à l'humanité tout entière. Le dieu tombé qui se souvient des cieux n'est pas surpris que, dès ici-bas, l'élite de ses frères pénètre dans le paradis perdu. Si notre intelligence n'atteint pas directement et immédiatement l'Être des Êtres, elle le vise, elle l'affirme dès qu'elle commence d'agir. « Elle est, dit le P. Maréchal, appuyé sur saint Thomas, une activité orientée dans son fond le plus intime vers un terme bien défini, le seul qui puisse l'absorber complètement, vers l'Être absolu, le vrai absolu ». Elle aspire vers Dieu avant même de le connaître, elle le saisit déjà, d'une certaine façon, avant de l'avoir nommé, bref, elle ne peut se désintéresser des mystiques qu'en se reniant elle-même ; heureuse d'ailleurs, de rencontrer entre les mystiques et nous des intermédiaires moins inabordables : les poètes.

X
L'INSPIRATION ET LES ÉTATS MYSTIQUES PROFANES

> O world invisible, we view thee,
> O world intangible, we touch thee,
> O world inknowable, we know thee,
> Inapprehensible, we clutch thee [a].

L'usage le veut ainsi. Au sens large, impropre ! mêlé et souvent péjoratif, on appelle « mystiques », ou l'on attribue au « mysticisme », certaines manifestations et activités de notre vie intérieure — morale, intellectuelle, artistique, religieuse — que la « raison », tour à tour raille, condamne ou sanctionne, mais qu'au pied de la lettre, elle ne « comprend » pas. Définition négative, bien entendu, et que nous devrons compléter. Mysticismes donc, la peur des fantômes ; tous les occultismes ; tous les enthousiasmes ; tous les fanatismes, celui du musulman et celui de M. Homais ; les philosophies de la politique et de l'histoire ; les coups au cœur dans une église, ou à la vue du ciel étoilé, ou devant le spectacle de la mort ; tous les dévouements ; tous les héroïsmes ; toutes les inspirations ; tous les amours. Dans

---
a. O monde invisible, nous te voyons ; intangible, nous te touchons ; inconnaissable, nous te connaissons ; insaisissable, nous t'étreignons. (Francis THOMPSON).

chacun de ces mysticismes se retrouvent, souvent plus ou moins voilés, faussés ou contaminés, les éléments que nous nous sommes proposés de mettre en lumière.

Parfois, nous dit le R. P. de Grandmaison, « dans la contemplation d'une œuvre d'art, dans l'audition d'une mélodie, l'effort pour comprendre se desserre, l'âme se complaît simplement dans le beau qu'on devine... Ou simplement un souvenir, une parole, un vers de Dante ou de Racine jaillissant du fond obscur de nous-mêmes, s'impose à nous, nous *recueille*, et nous pénètre. Ensuite, nous ne savons rien de plus, mais nous avons l'impression de comprendre un peu ce que jusque-là nous connaissions à peine, de savourer un fruit dont nous avions seulement rongé l'écorce. » Tel est, entre beaucoup d'autres un exemple de ces « états naturels, profanes, où l'on peut déchiffrer les grandes lignes, reconnaître l'image et déjà l'ébauche des états mystiques », proprement dits.

[Grandmaison, *loc cit.,* p. 314, je le répète, en commençant son travail sur l'*Élan mystique,* par l'étude de la mystique naturelle, le R. P. use, volontairement, je crois, aune sorte de feinte pédagogique. Si, en effet, la poésie nous est plus familière que l'expérience mystique, elle est plus mystérieuse. Que l'on y prenne garde, on verra que le R. P. éclaire ici la poésie par l'expérience mystique, bien plus qu'il n'éclaire celle-ci par celle-là. Remarquer par exemple, les expressions qu'il emprunte au vocabulaire de la quiétude : « recueille » au sens actif. En d'autres termes, il ne va pas comme on serait tenté de le croire du connu à l'inconnu.]

Or, comme l'on applique souvent à l'image et à l'ébauche des épithètes de nature, qui conviennent plus directement et plus pleinement au modèle et au chef-d'œuvre, il est naturel que « mystiques, s'emploie communément pour désigner aussi des phénomènes qui n'ont ou plutôt qui semblent ne rien avoir de proprement religieux.

Analysons plus minutieusement une expérience poétique et nous saisirons mieux les raisons positives qui permettent au théologien de reconnaître dans cette expérience « l'image », ou « l'ébauche », de la connaissance mystique. Pour cela, rappelons-nous des impressions que nous ne connaissons que trop, celles qu'éprouve le commun des écrivains devant une feuille de papier blanc; supposons que vient de sonner la bienheureuse minute où l'on sent que l'inspiration est enfin venue. C'est en effet cette minute-là qui nous rend « mystiques »,

Que s'est-il passé en nous? Une « simplification », répondent les savants, et une simplification enrichissante.

Mais, dira-t-on, quel besoin avions-nous que l'inspiration nous simplifiât? Pendant ces heures, ces journées maudites où nous attendions l'étincelle, notre esprit n'était-il pas, au contraire trop morne, trop languissant, trop dépouillé, en un mot trop simple? Grave illusion. Non, les idées ne nous manquaient pas; nous souffrions plutôt de leur abondance dispersée; nous subissions, comme dit Joubert, « les tourments d'une fécondité qui ne pouvait pas se faire jour ». Notre détresse elle-même l'indique; vraiment pauvres, nous ne connaîtrions pas notre misère. Cet homme épanoui qui passe dans la rue ne sait pas qu'il ne pense à rien. Loin de languir, nous étions au contraire en pleine fièvre de méditation et de recherche. Jamais plus curieux, plus en éveil que lorsque nous nous plaignions de notre torpeur. Les idées affluent; on ne peut les rendre; on en cherche, on en trouve d'autres qui étouffent les premières et qui achèvent par là de nous étourdir. Bref, une activité intense, fatigante, mais sans résultats. Alors jaillit l'étincelle, et il se fait aussitôt une grande paix. Ces idées tumultueuses et bruissantes, qui tantôt nous harcelaient, ont regagné leurs retraites. Une seule reste, mais qui elle-même semble se cacher. Est-ce une idée ? Si lointaine, si discrète qu'on la croirait vague. Elle est là pourtant pleine de promesses, mais comme on ne craint plus qu'elle échappe, on ne se hâte pas de la saisir. Ainsi, du reste, pour les sentiments et les images[a].

Là est tout ensemble, et le début et le terme des états mystiques profanes. On trouverait, je crois, quelque souvenir de ces états, dans les confidences des écrivains. Mais la plupart n'y prennent pas garde, pressés qu'ils sont d'exploiter leur veine, de remplir la page blanche. Pour entrevoir les délices de cette « simple vue », éminemment active, mais si paisible qu'elle paraît un repos, il faut consulter les vrais mystiques. Mieux avisés que nous, ceux-ci connaissent le prix de « cette oraison simple où l'esprit n'a point d'autre objet qu'une vue confuse et générale de Dieu ; le cœur n'a point d'autre sentiment qu'un goût de Dieu doux et paisible, qui le nourrit sans effort comme le lait nourrit les enfants[b]. »

Ici encore il faut distinguer, car il y va de tout, comme on le sentira mieux plus tard. En un sens, il est très vrai que, pauvres ou riches, l'inspiration nous laisse tels qu'elle nous trouve. Disons hardiment qu'elle ne nous *apprend* rien, qu'elle nous renvoie simplement notre conscience ancienne, mais celle-ci tellement transformée qu'elle nous

---
    a. La détresse que l'on vient de dire est elle-même souvent, du moins ni causée par une première inspiration, mais presque imperceptible ; par un premier contact, mais évanescent avec le réel.
    b. Grou, *Intérieur de Jésus et de Marie*, 1909, p. 215.

étonne et nous éblouit. On nous l'expliquait plus haut : « Nous ne savons rien de plus, mais nous avons l'impression de comprendre un peu ce que jusque-là nous connaissions à peine ». « Comprendre », n'est pas le mot propre, mais plutôt sentir ou toucher, ou, mieux encore, posséder. L'objet que l'inspiration nous présente, ce n'est plus une idée — nette, inanimée et creuse — mais la réalité même que cette idée nous montrait et nous dérobait tout ensemble. Un exemple expliquera mieux ce que nous voulons dire et du même coup rappellera que les inspirations généreuses ont exactement le même caractère que l'inspiration poétique. Soit donc l'une des manifestations les plus communes de la mystique naturelle, le patriotisme. Je sais et je démontrerais au besoin, par des arguments solides et froids, qu'il faut aimer sa patrie ; je n'ignore pas non plus le symbolisme du drapeau. Passe un régiment sous mes fenêtres. Aussitôt il se fait en moi comme un branle-bas. Mes idées sur la patrie et le drapeau se réveillent, s'allument, s'animent, me prennent et me soulèvent tout entier. Je les suivrais s'il le faut où elles voudront. Brusque transformation, à laquelle ma raison n'a certainement point de part. Ai-je réfléchi le moins du monde, trouvé des arguments inédits plus efficaces que les anciens ? Non, rien de moins raisonné, de plus irrésistible, de plus soudain. Que si, du reste, je me trouvais réfractaire à des impressions de ce genre, aucune dialectique ne me les ferait éprouver. Je conclurais qu'il est bon d'être ému, je ne serais pas ému. Que s'est-il passé ? Ma connaissance morte de tantôt est devenue une conviction ardente. Un je ne sais quoi s'est produit, comme disait Hume, qui « consiste, non pas dans la nature spéciale ou l'ordre des idées, mais dans le mode même de leur conception et dans l'impression qu'elles font sur l'esprit ». Je ne suis plus le même homme : l'idée que je me faisais de la patrie n'est plus celle que je m'en faisais avant d'avoir reçu l'inspiration ; ou plutôt, cette idée n'est plus une idée, mais un être vivant qui me parle, qui m'appelle. Une présence étrangère m'assiège, m'étreint, me pénètre, enfin me possède.

Ce phénomène a un nom scientifique que Newman a rendu presque populaire. C'est une *réalisation.* Je devrais rappeler ici tout ce qui est dit dans la *Grammaire de l'assentiment* sur la différence entre l'assentiment notionnel et l'assentiment réel. Précieuse psychologie, mais incomplète, nous semble-t-il, si on ne la rattache pas à la mystique.

Il suit de là que l'inspiration n'est pas une prime à la paresse, et qu'elle n'enrichit vraiment que les riches. Cette longue détresse du bon travailleur luttant, dans la nuit, contre l'ange encore invisible, cette détresse n'aura pas été perdue. Et de même, ces vertus sèches et uniquement mortifiantes que l'on aura courageusement pratiquées avant l'apparition du signal héroïque. Puisque cette ébauche de connaissance mystique nous fait réaliser ce que nous avions acquis déjà — soit dans l'ordre de la pensée, soit dans l'ordre de l'action, plus riches serons-nous dans ces deux ordres, plus radieuse sera cette ébauche. Ici, comme il me faut user d'une langue qui m'est étrangère, je laisse la parole à un psychologue de métier, au R. P. Maréchal. « Supposons, écrit ce dernier, deux visiteurs arrêtés devant l'adolescent en prière, cet admirable bronze grec du musée de sculpture antique de Berlin. L'un est un simple amateur sans culture, l'autre un artiste et un archéologue. Tous deux sont saisis (voilà l'étincelle) par la beauté de l'œuvre et « contemplent », (terme mystique) dans ce demi-engourdissement d'esprit où jette le beau. (Cet engourdissement c'est la simplification quasi-extatique dont nous parlions plus haut.) Peut-être, si l'on pouvait obtenir un instantané des sensations, sentiments, représentations, et jugements formels, actuellement présents à la conscience claire des deux admirateurs, les clichés paraîtraient-ils fort ressemblants et d'ailleurs également peu fournis. Pourtant, quelle différence dans la réalité interne et vécue ! Sous la communauté superficielle de la perception visuelle et de l'émotion esthétique, l'amateur ignorant n'apporte qu'un certain bon goût naturel peu riche encore d'expériences ; l'artiste-archéologue peut apporter en plus la résultante confuse, subconsciente, mais opulente d'un trésor d'impressions accumulées et de représentations naissantes : c'est un éveil de virtualités qui ne passent à l'acte que tout juste assez pour colorer la contemplation de l'artiste, en la rappelant au sentiment sourd et discret de sa puissance intime d'évocation. Le même objet, appréhendé de part et d'autre dans une admiration muette et simple, se diversifie par la profondeur et la richesse des échos dont il va préparer réveil. Les deux contemplateurs diffèrent donc immensément par leur symbolisme virtuel et par leur dynamisme latent ».

[Maréchal, *op. cit.,* pp. 216 ; 217. L'étincelle a jailli dans les deux cas ; le simple amateur a eu lui aussi, une « inspiration », mais d'une richesse proportionnée à sa propre et maigre fortune. Dans l'un de ce deux cas, l'enrichissement est imperceptible mais réel, et c'est ainsi qu'il faut entendre que l'inspiration, n'enrichit que les riches. Il est clair, du reste, que le développement qu'on vient de lire s'applique aussi bien aux états mystiques de la volonté. Tout en me haussant à des visions et même à des sentiments d'héroïsme, la vue du drapeau ne fera pas de moi un héros si je manque de courage.]

Ainsi l'inspiration nous transforme pour quelques instants, mais elle ne donne ni le génie ni la vertu. Simplement, et c'est déjà beaucoup, elle semble délivrer et solliciter à l'action nos puissances intellectuelles et morales naturelles ou acquises. Quant à ces activités, invention littéraire ou décision héroïque, il ne faut pas les confondre avec l'inspiration qui les a, si j'ose dire, couvées. Celle-ci est dans l'élan et non dans la course qui suit cet élan ; dans la semence et non dans la fleur ; dans cet « engourdissement », délicieux, oisif en apparence, dont on vient de nous parler, et non dans le travail qui va suivre, travail que cette pacification intérieure, que ce recueillement ont rendu plus facile et plus intense. Ne nous laissons pas égarer par les images hérissées, haletantes, un peu frénétiques qu'éveille dans notre esprit le seul mot d'inspiration — « *non comptae... comae ; pectus anhelum* » ; « docte et sainte ivresse » ; « Enthousiasme, aigle vainqueur ». Prodrome ou conséquence ordinaire d'un état mystique, cette fureur prise en soi n'est aucunement mystique. Elle est causée par le flux de sentiments et de pensées qui souvent précèdent l'inspiration et qui la suivent presque toujours. On s'explique, du reste, que le poète ne retienne de son expérience que ce que celle-ci a présenté de plus sensible, de plus éclatant. L'analyse n'est pas son affaire, mais, pressé car les psychologues, il avouerait lui aussi qu'au point culminant de cette expérience, ses facultés se sont mystérieusement apaisées. Ni tonnerre, ni tempête, une simple brise ; peu de sentiments et très doux ; peu d'idées et très confuses ; un pressentiment vague, une sûre promesse du chef-d'œuvre qui va bientôt se produire, mais non pas la claire vue de ce chef-d'œuvre. Lorsque, rendu au libre et facile usage de ses puissances, il commence à écrire, peut-être nous paraît-il et se croit-il lui-même inspiré, en réalité il ne l'est plus, ou il l'est d'une autre façon. Il se voit docile à la dictée de sa muse, mais la muse n'a pas pour mission de dicter quoi que ce soit ; et d'ailleurs elle a disparu. Profane ou surnaturelle, la vie mystique diffère essentiellement de notre vie intellectuelle, ou littéraire, ou même morale. Active, sans doute, et prodigieusement active, elle nous semble un repos. Elle ne s'agite, elle ne bouillonne jamais.

Virgile lui-même et la Sibylle du VIe livre de l'*Enéide* nous donnent raison. A la vérité, le poète insiste beaucoup sur les préludes frénétiques de l'inspiration ; mais la « simplification », pacifiante se dessine enfin — « *cessit furor et rabida ora quierunt*[a] », — et s'achève pendant la prière d'Énée, prière caressante qui agit ici comme un « charme ». Puis vient l'inspiration proprement dite, à laquelle nous n'assistons pas mais dont nous pouvons juger le caractère par le discours, sage, précis et presque maternel de la Sibylle. Qu'on songe à la tendresse du « *Heu ! nescis*[b] », au sujet de la mort de Palinure. Une possédée aurait-elle jamais dit ces deux mots d'une si douloureuse humanité ? Le magnifique *Saül* de Browning nous est aussi un exemple de cette même progression « simplifiante ». J'ai trouvé chez un aimable lettré du second empire, quelques lignes un peu incertaines dans le détail, mais qui, pour l'ensemble, illustrent fort bien ce que l'on vient de dire :

A l'instant même où l'œuvre ébauchée déjà... est définitivement conçue, ainsi que tout être vivant, dans son germe, l'inspiration s'en empare, elle l'échauffe, elle la transfigure, elle la fait rayonner aux yeux du poète, d'une éclatante et mystérieuse lu-

---

a. ... sa fureur retombée et la rage de sa bouche apaisée.
b. Ah ! tu l'ignores.

mière. Il voit d'un seul coup d'œil se mouvoir et vivre cette œuvre qui n'est pas faite et qui existe pourtant... Poète épique ou tragique, (elle lui apparaît) avec son action et ses personnages (ceci ne me semble point exact). En ces rares mais sublimes moments, le temps et l'espace disparaissent ; l'œuvre ainsi créée n'a point de bornes, et si elle en a, le poète ne les voit pas. Sa pensée l'embrasse et la pénètre dans une si grande profondeur, que pour un instant il échappe aux conditions de l'humanité... Telle est la première (et pour moi la dernière) note de l'inspiration. Elle dure peu, mais rien n'y supplée quand elle a manqué. Elle donne à l'œuvre poétique cet élan primitif et souverain, ce mouvement illimité qui lui est nécessaire ; car il faut qu'elle ait d'abord été trop vaste dans l'âme du poète, afin d'être ensuite assez grande aux yeux des autres hommes[a].

On entend bien, du reste, que, dans le réel, toutes ces vies s'entretiennent les unes les autres, se croisent, s'enchevêtrent constamment. La muse — gardons cette personnification si commode — la muse, après avoir prélude à la naissance de l'*Iliade,* ne remonte pas dans les nues pour n'en redescendre que lorsque le poète commencera l'*Odyssée.* Invisible et silencieuse, pendant que les facultés, stimulées par elle, se donnent carrière, elle reparaît bientôt. Qu'il s'agisse de nous révéler le beau ou de nous entraîner au bien, ses visites sont courtes et capricieuses, mais fréquentes, et même aux plus médiocres. A ceux ci, en effet, ordinairement, ce n'est pas l'inspiration qui manque, mais le talent ou la vertu.

---

a. Edmond Arnould, *Essais de théorie et d'histoire littéraire*, Paris, 1858. pp. 20-21.

XI
LE MYSTÈRE POÉTIQUE

Voici donc les trois phases de cette expérience : d'abord, une fécondité morne et douloureuse de l'esprit ou du cœur — souvent, sinon toujours, des deux à la fois — des essais tumultueux, combattus, inutiles ! d'invention ou de décision ; ensuite l'étincelle, l'inspiration ; enfin une fécondité joyeuse de l'esprit ou une décision allègre du cœur. De ces trois phases, la première et la dernière nous sont connues ; il n'y a là qu'un exercice plus ou moins intense de nos facultés ordinaires — intelligence, imagination, sensibilité, volonté. Je ne dis pas que cela soit clair comme le jour ; c'est du moins l'objet d'une science précise qui a ses méthodes et ses docteurs, la psychologie. Mais l'étincelle, mais l'inspiration, de quelle science relèvent-elles ? Quel moyen avons-nous de la définir, quelles doctrines nous l'ont expliquée ? La réponse est trop facile. Nous sommes ici en face d'un mystère, ou plutôt d'un triple mystère.

§1. — Cette inspiration ne nous apprend rien. Loin d'activer nos facultés de connaître, elle les apaise, et les simplifie, les nourrissant d'un objet vague, général, mal défini. Et cependant elle est productrice de lumière puisque à sa lueur indistincte s'allumeront, nous ne savons pas du tout comment, les œuvres les plus hautes du génie humain.

Cette inspiration, par elle-même, n'offre pas à notre volonté de nouvelles raisons d'agir, elle ne la revêt point d'une force nouvelle. Loin de la porter à l'action, elle l'apaise et la simplifie, la berçant dans un délicieux repos. Et cependant elle est productrice d'énergie, puisque, de ce repos, de cette inertie apparente dérivent, nous ne savons pas non plus comment, les actions les plus héroïques.

Logiquement, que conclure de là, sinon que cette vie mystique est suréminemment active, qu'elle doit remuer et rendre jaillissante, au plus profond de notre être, la source première de tous nos actes. Mais, plus lumineuse que les lumières de notre esprit, plus libre et plus ardente que les décisions de notre volonté de surface, cette source — les mystiques l'appellent le centre de l'âme — nulle réflexion ne peut l'atteindre. Tout cela est donc mystère : c'est notre propre mystère, à chacun de nous, le secret que nous ne pouvons révéler à personne, pour la simple raison que nous l'ignorons nous-mêmes.

§ 2. — Mystère aussi, l'étrange, l'heureuse et émouvante impression que nous avons alors de pénétrer, au delà de la surface sensible, jusqu'à la substance, à la réalité des êtres. Comme elle nous transforme, l'inspiration semble transformer également les objets qui nous occupent : une œuvre d'art, un paysage par exemple. Ni la couleur, ni les contours n'ont changé. Nos sens perçoivent — ou pourraient percevoir, car durant l'inspiration, ils sont peu actifs — exactement les mêmes images ; mais un je ne sais quoi de solide, de massif, s'est glissé, pour ainsi dire, sous ces images ; mais une vie a rempli ce cadre inerte.

Objets inanimés avez-vous donc une âme

Qui s'attache à notre âme…?

Cette âme, nous la sentons présente, attachante. Ainsi encore pour les abstractions, patrie, justice, bonté. Non pas qu'on se représente celles-ci sous une forme allégorique. Ce travail se fera plus tard, quand, l'inspiration ayant cessé, nos facultés essaieront ainsi d'en fixer le souvenir. Mais pour l'instant, qu'avons-nous besoin de ces simulacres vides? Le réel, invisible, mais solide, nous envahit, nous « recueille », et nous enchante. Le reste n'est rien, et nous laissons volontiers nos facultés se morfondre. Nouveau mystère, disons-nous, mais qui néanmoins éclaire le premier. Toute présence réelle, j'entends par ces mots, la présence de l'être intime et non de ses apparences, paraît nécessairement obscure, vague, confuse, obscure, non seulement aux sens et à l'imagination, mais encore à l'intelligence.

§ 3. — Troisième mystère, plus impénétrable tout ensemble et plus radieux que les deux autres. Nous avons l'impression très vive que cette expérience ne dépend aucunement de notre industrie; que ce jaillissement soudain de notre source profonde, que ce contact avec une présence réelle, que tout cela nous est donné, et par quelqu'un qui, en nous le donnant se donne lui-même.

[Il serait trop long de démontrer ici qu'une philosophie exclusivement déterministe ne peut rendre compte de ces phénomènes. Certes, nous ne songeons pas à nier l'action fréquente d'un déterminisme physiologique sur « l'inspiration ». Sans parler des contrefaçons artificielles de l'extase naturelle, il est bien certain que telle condition physiologique est plus favorable à l'inspiration que telle autre. Combien de problèmes dont la solution nous saute aux yeux après le repos d'une bonne nuit, ou dès que nous touchons à la cime d'une « colline inspirée »! Mais alors même, qu'un élément de cet ordre interviendrait dans tout phénomène d'inspiration, cela nous importerait peu, car il resterait toujours, dans le moindre de ces phénomènes, un élément de mystère.]

On peut invoquer ici le témoignage, non pas de quelques illuminés, mais de Platon, de tous les poètes, de tous les héros et de l'humanité toute entière. Unanimement on regarde l'inspiration comme une visite, souvent même on nomme le visiteur. Mystère, mystère, l'inspiration que nous venons de voir si active, est aussi et même elle semble être plus encore « passive ». Voudrions-nous éviter la terminologie des mystiques, force nous serait rien d'y avoir recours. Ce qui fait l'essentiel des hauts états mystiques, dit un savant, c'est l'expérience d'« une intervention étrangère, excitatrice d'actes vitaux [a]. »

Resterait un beau problème métaphysique que nous ne pouvons qu'effleurer. Bien que « naturelle », la mystique profane est-elle aussi foncièrement profane que nous avons feint de le croire ?

[A parler en toute rigueur, il n'y a pas de « mystique naturelle », dans l'ordre historique où nous sommes placés, l'ordre de la Rédemption. Tous les hommes ont une même fin surnaturelle, la vision béatifique. Sauvés — et ils peuvent l'être — un païen d'avant le Christ ou d'aujourd'hui, ont la même récompense essentielle que les saints canonisés. D'où il suit que tous les secours que Dieu nous offre ont toujours pour fin suprême de nous conduire à la vision béatifique. D'un autre côté, comment ne pas reconnaître dans les inspirations véritables, autant de secours prévus de toute éternité et voulus par Dieu, autant de « moyens de salut », et enfin, autant de « grâces ». Nous savons du reste, que, le Christ étant mort pour tous, la grâce de

---

a. Pacheu, *Revue de phil.*, *loc.cit.*, p. 629.

la conversion n'est refusée à personne. Or, qui ne voit que le mécanisme de l'inspiration, tel que nous l'avons décrit, s'adapte merveilleusement aux interventions divines dans notre vie, aux touches, aux motions, divines ? D'un autre côté, pour qu'il y ait « grâce », il n'est pas nécessaire que cette motion directe de Dieu se produise. Pour un sauvage, le simple fait de rencontrer un missionnaire, à telle heure, en de telles circonstances, est déjà une grâce. Et voici qui nous permet encore d'appeler « grâces », certaines inspirations dans l'analyse desquelles, on se refuserait — témérairement peut-être — à reconnaître une de ces motions divines. Lorsque donc on parle, d'une mystique naturelle, on veut simplement dire que les « états mystiques », du poète, ou du héros ne sont pas « l'état de grâce » ; on veut aussi rappeler que les motions divines qui peuvent se produire dans la mystique, naturelle, diffèrent profondément de ces autres motions extraordinaires qui interviennent dans la haute vie mystique proprement dite. Nous reviendrons, en finissant, à cette différence essentielle.]

Fausse-t-on sottement, sacrilègement le sens des mots quand on parle de la « religion », de la beauté et de la patrie, ou bien se laisse-t-on guider à son insu par une vérité profonde ? Vérité, et pourquoi pas, à la condition du moins que l'on n'aille point soutenir que de telles « religions », suffisent aux besoins et aux devoirs religieux de l'homme. Ecoutez là-dessus un des princes de l'humanisme dévot, le capucin Yves de Paris. De ce que la beauté, dit-il, « agit en *un instant*, avec tant de force sur *une substance spirituelle*, les platoniciens — et il les approuve certes — ont conclu que c'est une splendeur divine qui prévient notre raison, parce qu'elle est le terme de ses recherches et l'essai du Souverain Bien ». Toute expérience esthétique, dit-il encore, « est une surprise ; sans y penser, j'adore Dieu en son image ». Et Wordsworth pense de même quand il dit que, dans l'extase poétique, « la lumière des sens s'évanouit, aveuglée par un éclair qui nous révèle le monde invisible » :

> When the light of sense
> Goes out, but with a flash that has revealed
> The invisible world... »

Ainsi tous les mysticismes naturels, ébauches en cela des surnaturels ; les soudaines transfigurations de notre « substance spirituelle » ; les influences invisibles qui agissent « en un instant avec tant de force » sur nous ; bref toutes ces expériences ineffables nous montreraient obscurément et nous offriraient l'Invisible même, l'Ineffable, l'Être des êtres, qui, à notre insu, malgré nous souvent, nous envelopperait et nous pénétrerait de sa présence.

XII
Animus et Anima

Tout ne va pas bien dans le ménage d'Animus et d'Anima, *l'esprit et l'âme*, Le temps est loin, la lune de miel a été bientôt finie, pendant laquelle Anima avait le droit de parler tout à son aide et Animus l'écoutait avec ravissement. Après tout, *n'est-ce pas Anima qui a apporté la dot et qui fait vivre le ménage ?* Mais Animus ne s'est pas laissé longtemps réduire à cette position subalterne, et bientôt il a révélé sa véritable nature, *vaniteuse, pédantesque et tyrannique*. Anima est *une ignorante et une sotte, elle n'a jamais été à l'école*, tandis qu'Animus *sait un tas de choses*, il a lu un tas de choses *dans les livres*, tous ses amis disent qu'on ne peut pas parler mieux qu'il ne parle... Anima *n'a plus le droit de dire un mot... il sait mieux quelle ce qu'elle veut dire*, Animus n'est pas fidèle, mais cela *ne l'empêche pas d'être jaloux*, car dans le fond, il sait bien (non, il a fini par l'oublier) que c'est Anima qui a toute la fortune, lui est un gueux et il ne *vit que de ce qu'elle lui donne*. Aussi il ne cesse de l'exploiter et de la tourmenter pour lui tirer des sous... *Elle reste en silence* à la maison à faire la cuisine et à nettoyer tout *comme elle peut*... Dans le fond, Animus est un bourgeois, il a des habitudes régulières, il aime *qu'on lui serve toujours les mêmes plats*. Mais il vient d'arriver quelque chose de drôle. Un jour qu'Animus rentrait à l'improviste..., il a entendu Anima qui chantait toute seule, derrière la porte fermée, une curieuse chanson, *quelque chose qu'il ne connaissait pas ; pas moyen de trouver les notes, ou les paroles, ou la clef*, une étrange et merveilleuse chanson. Depuis, il a essayé sournoisement de la lui faire répéter mais

Anima fait celle qui ne comprend pas. Elle se tait dès qu'il la regarde. *L'âme se tait dès que l'esprit la regarde.* Alors Animus a trouvé un truc, il va s'arranger pour lui faire croire qu'il n'y est pas... peu à peu Anima se rassure, elle regarde, elle écoute, elle respire, elle se croit seule, et *sans bruit, elle va ouvrir la porte à son amant divin.*

PAUL CLAUDEL.

Nous venons de voir, et sur un exemple que nous pouvons tous contrôler, que l'inspiration, soit mystique, soit poétique, nous simplifie, nous « recueille », autant dire qu'elle nous fait passer d'un moi de surface, compliqué, éparpillé, agité, à la simplicité paisible du moi profond. Ce mouvement de repli, de retraite, dès qu'on nous invite à nous y prêter ou du moins à en prendre conscience, nous sentons confusément que l'invitation n'est pas absurde, que l'expérience qu'elle dessine n'est pas une construction imaginaire. Ainsi, lorsque, l'hiver dernier, Paul Claudel proposait sa parabole d'*Animus* et d'*Anima*, nul bon esprit n'a pensé qu'il parlait pour ne rien dire. Il révélait poétiquement le secret de tout le monde. Or cette Parabole, la description la plus lumineuse que l'on ait encore donnée de l'activité poétique, Claudel en doit manifestement l'idée première, non pas aux poètes, mais aux mystiques ; elle fixe, en un symbole vivant et prenant, le dogme fondamental de la psychologie mystique : la distinction entre les deux moi : *Animus*, le moi de surface ; *Anima*, le moi profond ; *Animus*, la connaissance rationnelle, *Anima* la connaissance mystique ou poétique. Ah ! quand un poète se double d'un philosophe, il nous humilie d'étrange façon. Tout ce que j'avais trouvé de mon côté, et avec quelle peine ! pour rendre cette distinction sensible, était d'opposer le *Je* au *Moi*; le *Je* qui s'agite à la circonférence de l'âme, qui s'affirme et a toujours peur de ne pas s'affirmer assez; absorbé à contempler, à renouveler ses ombres chinoises : images, sensations, sentiments, idées, syllogismes, et si affairé, dans les étroites coulisses de ce théâtre, qu'il finit par ne plus entendre les concerts qui se donnent derrière la scène, les musiques du silence; le *Moi* central qui agit lui aussi, mais avec une telle intensité, une telle paix que le *Je* le croit inerte, endormi, passif; le *Je* qui s'enchante et se nourrit de notions et de mots, le *Moi* qui s'unit aux réalités; le *Moi* qui reçoit les visites de Dieu; le *Je* qui souvent les retarde, les gêne, les volatilise, en perd le bienfait.

[Ce ne sont là, bien évidemment que des symboles. Ce que j'appelle *Je* un autre pourrait aussi bien l'appeler *Moi*. Cf. par exemple les articles de M. Franck Grandjean sur le *Je*, centre actif de la conscience. (*Vers l'unité, revue internationale de synthèses spirituelles*, mai-juillet 1925. Il me semble toutefois que les symboles que j'ai choisis répondent mieux à la pensée des mystiques.]

Anima, le moi, la zone profonde, la région sacrée, « la demeure la plus cachée et la plus intime, dit le mystique Brabançon, la pointe extrême et le sommet, la moelle de l'âme, le centre du coeur ».

Ceci vous paraîtra peut être une extravagance, mes filles, dit sainte Thérèse dans son *Château intérieur*, et cependant il en va réellement de la sorte. L'âme est une, évidemment. Toutefois, ce que je viens de dire n'est pas une imagination, c'est un état fort ordinaire... *Certains effets intérieurs donnent la certitude qu'il y a, sous certains rapports, une différence très réelle entre l'âme et l'esprit.*

Anima et *Animus* :

Bien qu'en réalité ils ne fassent qu'un, on perçoit parfois entre eux une division si délicate, qu'il semble que l'un opère d'une manière et l'autre d'une autre. Il me semble aussi que l'âme diffère des puissances. Au reste, il y a tant de choses dans notre fond intime, et des choses si subtiles que ce serait témérité à moi d'entreprendre de les expliquer.

Je vais multiplier les citations, mais nous n'en trouverons pas une seule qui présente un caractère aussi nettement philosophique, et à la moderne. Tant il est vrai que la plus haute poésie se passe aisément d'images! Louis de Blois est plus éloquent :

Peu s'élèvent au-dessus de leurs facultés naturelles ; peu en viennent à connaître la cime de leur esprit, les secrètes profondeurs de leur âme. Fond ou cime bien plus intimes et sublimes que nos trois facultés, les plus hautes, car c'est là que celles-ci prennent leurs origines... Quelque chose de tout à fait simple, d'essentiel... Unité parfaite ; en cette âme profonde, nos trois facultés n'en font qu'une, ne se distinguent plus. Là règne une tranquillité, absolue, le silence le plus profond, car aucune image n'y pénètre. Là réside cachée la présence divine. Un paradis ; le royaume de Dieu en nous, qui est Dieu lui-même. Abîme nu et sans figure, au-dessus du temps et de l'espace, ayant pour raison d'être une certaine adhésion perpétuelle à Dieu ; et cependant cela est essentiellement en nous, cela est nous, l'essence même de notre âme. Cet abîme est illuminé par la lumière incréée ; et lorsque un des rayons de cette lumière vient à frapper nos facultés, nous sommes attirés vers Dieu avec une force extraordinaire[a].

Saint François de Sales compare au Saint des Saints cette « extrémité et cime de notre âme », cette « certaine éminence et suprême pointe de la raison et faculté spirituelle

---

a. Cité par Dom Butler, *Western Mysticisme*, London, 1922, pp 305-306. Je traduis en courant.

qui n'est point conduite par la lumière du discours, ni de la raison ».

Au sanctuaire, il n'y avait point de fenêtres pour éclairer ; en ce degré de l'esprit, il n'y a point de discours pour illuminer... Nul n'entrait dans le sanctuaire que le Grand Prêtre ; en cette pointe de l'âme, le discours n'a point d'accès ainsi seulement le grand, universel et souverain sentiment que la volonté divine doit être souverainement aimée... Le Grand Prêtre, entrant dedans le sanctuaire, obscurcissait encore la lumière qui entrait encore par la porte, jetant force parfums dedans son encensoir, la fumée desquels rebouchait les rayons de la clarté que l'ouverture de la porte rendait ; et toute la vue qui se fait en la suprême pointe de l'âme est en certaine façon obscure et couverte par les renoncements et résignations que l'âme fait, ne voulant pas tant regarder et voir la beauté de la vérité et la vérité de la beauté qui lui est présentée, qu'elle veut l'embrasser et l'adorer [a]...

Chez Antoine de Rojas, mystique espagnol du XVIIe siècle commençant, et fort bien traduit par le P. Cyprien de la Nativité, c'est toute une avalanche de symboles :

Dieu a mis (son image) dans le plus secret de l'homme, qui est la racine et le fond de l'âme. Sur quoi, afin de trouver quelque appui ou quelque adresse pour savoir et connaître ce que c'est, bien que, selon l'expérience de ce que l'âme sent en soi, *on ne trouve point pied dans ce fond*, il nous faut considérer l'âme en façon d'une main étendue, laquelle n'a que les trois doigts du milieu ; d'autant qu'encore qu'elle soit en soi invisible, étant un esprit, néanmoins, pour l'explication, nous avons besoin d'user de semblances divisibles et corporelles.

« Nous n'avons qu'une âme, Théotime, et laquelle est indivisible »rappelait de son côté François de Sales.

---
a. *Traité de l'Amour de Dieu*, Annecy, I, p. 68.11 faut lire le ch. XI *Qu'il y a deux portions en l'âme et comment ;* et le ch. XII : *Qu'en ces deux portions de l'âme, il y a quatre différents degrés de raison*. Ils sont merveilleux.

Enfin, imaginons-nous que ces trois doigts sont les trois puissances de l'âme... La paume de la main est la racine de l'âme, d'où naissent ces trois puissances, et cette racine est le fond de l'esprit, *Mens*, que d'autres disent le royaume de Dieu... ; de laquelle racine naît la noblesse, la générosité et la grandeur de l'être qu'il a.

Et c'est là, soit dit en passant, le fondement de l'optimisme mystique, et en dernière analyse de l'optimisme romantique. Le *Je*, l'unique moi qu'aient réalisé les classiques, est piteux ; le moi est bon. M. de Genève m'a souvent dit, écrivait Camus « que la confusion de ces termes, *amour-propre* (vice foncier du *Je*, ou d'*Animus*) et *amour de nous-mêmes* (instinct et devoir du moi, d'*Anima*) faisait naître beaucoup de confusion dans les pensées et dans les actions des hommes [a] ». Toute la philosophie moderne de l'*Impérialisme mystique* repose sur la confusion du *Je* et du *Moi*.

Ceci supposé, continue Rojas, afin que l'âme entre dans ce souverain fond pour jouir de son Bien-Aimé, il faut que l'entendement n'y entre point avec ses messagers, avec ses ambassades... et que la mémoire tire le rideau ou mette un voile au devant de toutes ces images ; mais qu'elle les couvre de telle sorte qu'il semble qu'il n'y en ait aucune. Ensuite de quoi, l'entendement étant tranquille et paisible, et la mémoire accoisée, y ayant dans ce château intérieur une trêve et une cessation entière (non, pas tout à fait) de l'exercice dont ils entretenaient la volonté, il faut nécessairement qu'elle demeure toute seule avec son Bien-Aimé, qui est dans la racine et le fond de l'âme.

Et passant à d'autres symboles :

Ne soyez pas semblables à ceux qui entendent l'aubade d'un agréable concert de musique, et qui, pour jouir de cette douceur,

---

a. Camus-Baudry, *Véritable esprit de saint F. de Sales*, 1, p. 134.

se lèvent promptement du lit, et à demi-habillés se mettent à la fenêtre... Mais lorsque les musiciens... servent la meilleure pièce de leur sac, un petit vent leur venant à souffler au nez, aussitôt ils se retirent et ferment la fenêtre et s'en retournent au lit... Non, non, n'imitez pas ces délicats ou ces inconstants. Dieu vous donne une musique céleste, non dans la rue, mais dans le Palais Royal de votre âme ; vous l'entendez avec contentement, et vous dites qu'il vous est bon de vous approcher de ce souverain et incomparable musicien... Mais qu'arrive-t-il ? Un petit souffle d'une pensée importune, ou de plusieurs, qui vous combattent dans la jouissance de cette douce harmonie, et aussitôt vous laissez-la toute la musique, vous vous retirez au quartier des sens, où vous vous gelez davantage et vous laissez ce qui vous profite plus...[a]

Puisque nous y sommes, donnons un autre doublet de la parabole claudellienne, l'admirable lettre de François de Sales à une religieuse, Péronne-Marie de Châtel, dont l'*Anima* était toute sainte, et que tourmentait plus que de raison le tapage d'*Animus* :

Vous dites bien, en vérité, ma pauvre chère fille Péronne-Marie, ce sont deux hommes ou deux femmes que vous avez en vous. L'une est une certaine Péronne, laquelle, comme fut jadis saint Pierre son parrain, est un peu tendre, ressentante et dépiterait volontiers avec chagrin quand on la touche ; c'est cette Péronne qui est fille d'Eve, et qui par conséquent est de mauvaise humeur. L'autre est une certaine Péronne-Marie, qui a une très bonne volonté d'être toute à Dieu et tout simplement humble et humblement douce envers tous les prochains... Et ces deux filles se battent... ; et celle qui ne vaut rien est si mauvaise que quelquefois la bonne a bien à faire de s'en défendre ; et lors il est avis à cette pauvre bonne qu'elle a été vaincue et que la mauvaise est la plus brave. Mais non, certes, ma pauvre chère Péronne-Marie, cette mauvaise-là n'est pas plus brave que vous,

---

a. *La vie de l'esprit pour s'avancer en l'exercice de l'oraison et pour avoir une grande union avec Dieu*, composé en espagnol par le docteur Antoine de Rojas, Lyon, 1663, pp. 332-341.

mais elle est plus afficheuse, perverse, surprenante et opiniâtre ; et quand vous allez pleurer, elle est bien aise, parce que c'est toujours autant de temps perdu.

Par où l'on voit, soit dit en passant, qu'il ne s'agit pas ici de spéculations en l'air. Sur ces distinctions premières où les a conduits l'analyse de l'expérience mystique, les maîtres de l'humanisme dévot appuient toute leur direction spirituelle. Si la direction janséniste est bien moins humaine, c'est qu'elle ne connaît que le « Je ». « Le *Je* est haïssable ». Eh ! souvent, mais pas le Moi !

Pour revenir à la métaphysique, *Anima*, disent les scotistes, c'est l'*hæcceité*. Vous préférez Claudel, ou Rojas, ou François de Sales. Moi aussi, mais ne convient-il pas que toutes les langues, même les plus rudes, chantent la gloire d'*Anima*. D'après le grand Ossuna — un des maîtres préférés de sainte Thérèse — la résistance aux persécutions d'*Animus* :

serait absolument impossible si la nature humaine ne trouvait tout près d'elle des armes dans l'Hæcceité. Intimement unie à la nature, celle-ci n'aura garde de contrecarrer, de paralyser le travail de la raison, mais elle l'endiguera, elle le réglera ; elle lui évitera une dissipation qui, en l'extériorisant, l'exposerait à devenir l'esclave de tout... Fille de la volonté libre de Dieu, mon Hæcceité a une action éminemment libératrice. Le principe individuant de mon Être tend à me dégager de tout ce qui n'est pas moi, pour me concentrer, me ramener vers mon intérieur, vers *ce grand vide* creusé par mon Hæcceité au plus intime de mon être réel. Là Dieu est chez lui. La volonté alors (car c'est tout particulièrement par la volonté qu'opère l'Hæcceité[a]), n'a plus qu'à se laisser aller à son inclination naturelle vers l'amour souverain

---

a. Il y aussi deux volontés en nous ; celle d'*Animus* ; celle d'Anima ; celle de Péronne ; celle de Marie ; l'une qui s'affirme, l'autre qui s'humilie, s'immole pour s'unir plus étroitement à la volonté divine.

du Bien infini... Imposez donc silence aux tumultueuses et dislocantes pensées... ; fermez-leur infatigablement la porte. Faites taire votre trop turbulent entendement ; bien loin de vous être de quelque utilité, il ne peut qu'augmenter en vous la confusion et multiplier les obstacles à la grâce [a].

Même psychologie chez Plotin, quoique sa métaphysique ne soit pas du tout celle de nos mystiques :

La contemplation unifiante a lieu quand l'âme a fermé ses portes à tout ce qui la tire hors d'elle-même, quand elle a fait le silence dans ses sens, dans ses facultés, dans son intelligence elle-même, dans l'intelligence qui raisonne et connaît en se distinguant de son objet, quand elle pense en un mot par le νοῦς καθαρός, par cette fine pointe de l'esprit...

Lequel n'est pas d'ailleurs la fine pointe de nos mystiques. A qui se dégage ainsi de l'*effusio ad exteriora* — c'est le *Divertissement* de Pascal —

il est donné de toucher Dieu. Dieu se donne. Il fait briller soudain une lumière intérieure inattendue et imprévisible. Il envahit et possède l'âme comme l'inspiration ravit l'esprit des initiés ou des prophètes [b].

Ou des poètes, bien que ces textes — et on en trouve de tels à chaque page des mystiques — accablent la poésie au moins autant qu'ils l'exaltent. Mais, encore une fois, il ne s'agit pas ici d'égaler l'expérience poétique à celle des contemplatifs, il s'agit d'éclairer l'une par l'autre. La moins connue, celle des poètes, par la plus connue, par celle qui,

---

[a]. Michel-Ange. *Ossuna et Duns Scot. Etudes franciscaines*, XXIV, (1910), p. 405. « Nous actualiser ainsi, dit encore le R. P., en ce qu'il y a de plus excellent en nous, par la volonté, par l'amour, c'est nous faire de plus en plus nous-mêmes. » p. 641.

[b]. P. S. Souilhé, sur le *Plotin* du P. Arnould, *Revue d'Ascétique et de Mystique*, avril 1922, p. 190.

précisément parce qu'elle est plus parfaite, se prête à une analyse moins confuse; il s'agit de reconnaître entre l'une et l'autre des « analogies de forme et des communautés de mécanisme. »

Aussi bien cette carte de l'âme, telle que l'ont dressée les mystiques, l'esthétique pure l'a-t-elle ébauchée elle aussi, bien qu'en tâtonnant. Hegel, par exemple, quand il veut s'expliquer l'étrange puissance de la musique :

> Elle agit principalement, dit-il, sur la sensibilité (mot impropre selon nous); elle ne va pas jusqu'à éveiller des conceptions de l'entendement[a], ni jusqu'à évoquer dans l'esprit des images qui dispersent son attention, elle se concentre dans la région profonde du sentiment[b]; placée à ce siège des changements intérieurs de l'âme, à ce point central et simple de tout l'homme, elle l'ébranle et le remue tout entier... L'homme n'est pas seulement saisi par tel ou tel côté particulier de son être ou par une *pensée déterminée;* c'est son moi simple, le centre de son existence spirituelle, qui est comme enlevé et mis en mouvement[c].

Hegel, me semble-t-il, a souvent pressenti qu'on en pouvait dire autant de la poésie elle-même et de tous les arts, mais sa métaphysique, autant du moins que je la comprends, ne lui aura pas permis de réaliser ses propres intuitions. Se plaçant à un autre point de vue, et plus curieux de morale que de poésie! Scherer parle, lui aussi, comme nos mystiques :

> Un journal, dit-il au début de son *Journal d'un égotiste*, est

---

a. Ceci, non plus, n'est pas exact; elle éveille ces conceptions, elle met l'intelligence en branle, mais par contre-coup, ainsi que nous l'expliquerons tout à l'heure.
b. C'est-à-dire très en deçà de la zone proprement sensible.
c. *Cours d'Esthétique,* par W. F. Hegel, *analysé et traduit en partie* par M. Ch. Besnard, Paris, 1840, IV, pp. 29-32.

un retour sur soi-même, un entretien solennel du faux moi, du moi extérieur, dissipé, artificiel, avec le moi vrai et intérieur; c'est une exploration religieuse du grand et sombre sanctuaire de l'âme, je veux dire de la dernière âme. Car nous avons plusieurs âmes comme il y a plusieurs cieux. Ils sont en petit nombre, ceux qui pénètrent dans le dernier cercle de la spirale.

Non, pas en si petit nombre ! Presque tout le monde y pénètre et tous les poètes ; c'est là que les conduit l'éclair de l'inspiration. Très rares seulement ceux qui se maintiennent, qui s'installent, si j'ose dire, dans ces profondeurs, « en petit nombre les moments où les âmes d'élite elles-mêmes parviennent jusqu'au fond, au fond du fond. (Oh ! ceci, jamais !) Singulière chose ! rien n'est moins conscient que la conscience. »

Ce n'est pas singulier du tout ; à proprement parler, nous ne prenons pas conscience de notre être profond, car ce n'est pas notre intelligence qui nous y fait pénétrer. Et voilà pourquoi j'évite avec soin tous ces mots de subconscient, d'inconscient et autres semblables, qui, appliqués aux activités d'*Anima*, semblent s'envelopper d'une contradiction : en effet, qui dit conscience, dit réflexion, et *Anima* ne réfléchit pas ; elle se contente d'inviter *Animus* à réfléchir.

Chacun en a une sans doute, mais à l'état de sommeil ; elle est comme si elle n'était pas. C'est la Belle au bois dormant dans son château, et le château au milieu d'un bois, et le bois entouré d'un désert. On vit à la surface de la vie ; on se craint, on s'évite, on joue à cache-cache avec soi.

[Cf. dans le livre de D. F. Lamy sur *la Connaissance de soi-même*, Paru, 1699, les chapitres qui ont pour titre : « L'art de se méconnaître et de se fuir soi-même... Que le cloître a aussi des fugitifs de soi-même ».]

Prenez-y donc garde ; pour se fuir ainsi, ne faut-il pas que, d'une manière ou d'une autre, au moins par éclairs, on se soit trouvé ? Du désert au bois, du bois au château, ne faut-il pas que d'étroits sentiers serpentent ?

On a mille ruses pour éconduire le créancier importun, et l'habitude de ces ruses est si grande qu'on finit par exécuter des coups de maître en ce genre, presque sans s'en douter[a].

Sans le savoir, il rejoint les mystiques.

Cette oraison, écrit le P. Rigoleuc, se passe dans le fond de l'âme où Dieu réside, comme dans un secret sanctuaire, loin du bruit et du tumulte des créatures. Mais c'est un lieu fermé pour la plupart du monde par leur propre faute. Il ne se trouve que fort peu de personnes qui se mettent en état d'y entrer, ou qui aient assez de recueillement et de pureté pour y parvenir.

Dans la petite revue que Marcel Proust publiait avec ses camarades de Condorcet — *Le Banquet* — M. Robert Dreyfus a déniché « une page digne, écrit-il, d'alimenter les récents *éclaircissements* de M. l'abbé Bremond, au sujet de la « poésie pure ». Certes oui ! jugez-en plutôt.

Tel qu'en songe (de H. de Régnier) prépare aux personnes qui n'aiment pas la poésie (c'est-à-dire qui ne demandent à la poésie qu'un plaisir d'ordre intellectuel), une déception... cruelle... Rien de matériel où se raccrocher, rien qu'un infini bruissant et bleuâtre..., sans un débris terrestre... Au-dessus de ce qu'on appelle généralement intelligence, les philosophes cherchent à saisir une raison supérieure une et infinie, comme le sentiment, *à la fois objet et instrument de leurs méditations*. C'est un peu de

---

a. Cité par O. Créard, *Edmond Scherer*, Paris, 1890. pp. 82-83. Créard n'a compris qu'à moitié. Il conclut en effet : « Scherer n'avait jamais rusé avec lui-même. Depuis vingt ans il tenait son âme en observation. » Observer, c'est encore l'affaire exclusive d'*Animus*.

cette raison, de ce sentiment mystérieux et profond des choses que *Tel qu'en Songe* réalise ou présente.

Déjà merveilleux, il comprend avant de comprendre. Sur quoi M. Robert Dreyfus : « Cette raison supérieure (*Anima*) qui dépasse l'intelligence ... ne convient-il pas de voir là aussi « l'objet et l'instrument », des méditations de Marcel Proust, telles que lui-même les présentera dans *A la recherche du Temps perdu*[a] ? L'instrument, cela va de soi, un vrai poète n'en a pas d'autre ; mais aussi « objet », principal, unique même, de la philosophie proustienne, je veux dire de ce qui ne passera pas dans l'œuvre de Proust. M. Pierre-Quint a parfaitement expliqué tout cela dans son *Marcel Proust*. Je ne puis que le citer.

La conscience humaine, écrit-il, est recouverte selon l'image bergsonnienne[b], d'une épaisse croûte où se sont solidifiées nos habitudes... C'est là, dans cette écorce de la conscience que nous trouvons pour notre travail et nos conversations de chaque jour des mécanismes tout montés, des sentiments tout faits. Mais, sous cette couche superficielle, il y a en nous la partie la plus riche, essentielle à notre moi, qui n'intervient presque jamais dans notre activité quotidienne... Nous crions, nous rions, nous versons même des larmes, mais sans que notre personnalité profonde ait à entrer en scène... Tout au plus, deux ou trois fois dans notre existence... soudainement, l'intérieur de notre conscience jaillit, surgit et nous communions une minute dans un sentiment nouveau avec un autre être. Dans cet instant s'exprime l'individu véritable qui est en nous.

---

a. Robert Dreyfus *Souvenirs sur Marcel Proust. Revue de France*, 15 avril 1926. Je m'étais souvent demandé si l'esthétique de Proust ne devait pas son inspiration première à Ruskin — notamment au fameux chapitre sur la *Pathetic Fallacy* (Modern Painters III). L'article de M. R. Dreyfus élimine cette hypothèse.

b. Image qui rejoint sans effort les mille symboles de nos mystiques, et la parabole de Claudel.

Or, les mystiques d'un côté, les poètes de l'autre, ont cela de singulier que de telles expériences leur sont familières. Au lieu de cette « épaisse croûte », une aile de libellule. *Anima,* chez eux, est pour ainsi dire à fleur de peau. Le moindre ébranlement suffit pour qu'elle « jaillisse ».

Vinteuil, écrit Marcel Proust, de toute la puissance de son effort créateur, atteignait sa propre essence à ces profondeurs où quelque question qu'on lui pose, c'est du même accent, le sien propre qu'elle répond. Et Bergson écrit : « Entre la nature et nous, que dis-je ? entre nous et notre propre conscience, un voile s'interpose, voile épais pour le commun des hommes, voile léger, presque transparent pour l'artiste et le poète [a].

Plus léger encore, plus transparent pour le mystique. Et de là vient ce très curieux phénomène que l'esthétique de la raison n'expliquera jamais, et qui suffit à la condamner, cet « *accent unique* auquel s'élèvent, auquel reviennent malgré eux les grands chanteurs que sont les musiciens originaux, et qui est une preuve de l'existence irréductible et individuelle de l'âme. »

L'impression que donnaient les phrases de Vinteuil était différente de toute autre, comme si, en dépit des conclusions qui semblent se dégager de la science, l'individuel existait [b]. C'était justement quand il cherchait puissamment à être nouveau qu'on reconnaissait sous les différences apparentes, les similitudes profondes..., ressemblances involontaires qui éclataient sous des couleurs différentes entre les deux chefs-d'œuvre distincts [c].

La sensation, le sentiment, au sens étroit de ce mot, les images, les idées, les idées surtout, rien de moins imper-

---
a. Léon Pierre-Quint, *Marcel Proust, sa vie, son œuvre,* Paris, 1925, pp. 236-237.
b. Mais, juste ciel! il n'y a que l'individuel qui existe.
c. *La Prisonnière,* II, pp. 71-73.

sonnel. C'est le domaine d'*Animus*, un terrain vague qui appartient à la commune, un grenier d'abondance où entre qui veut. Celui qui n'a rien d'autre à nous offrir n'est pas poète. L'empreinte incommunicable, et toujours la même, c'est *Anima* qui la frappe. D'où le ridicule parfait de ces querelles de plagiat, et même pour qui se place au seul point de vue esthétique, de la manie des « sources »[a]. Que l'*Animus* de Molière prenne son bien ou il le trouve, les rares nouvelles! Comment ferait il autrement? *Animus* est le génie même du vol. Un peu plus, un peu moins, qu'importe! Un simple versificateur, qu'il le sache ou non, ne peut vivre que de rapines, ou, si vous préférez, de réminiscences. Ont-ils inventé que l'homme est mortel et la gentiane bleue?

Ce que nous venons de dire ne justifie aucunement, corrige plutôt et nous aide soit à expliquer, soit à *désenvenimer* la définition que Brunetière a donné du romantisme, et à plus forte raison la philosophie de M. Seillière : « Triomphe de l'individualisme, dit Brunetière, où émancipation entière et absolue du moi. » De quel *individu* le romantisme prépare-t-il le triomphe? Quel moi rêve-t-il d'émanciper? jadis nous chantions : « Nous n'avons à faire que notre salut. C'est là notre but, c'est là notre unique affaire. » Nous faudra-t-il mettre ce cantique à l'index, comme un entraînement à l'orgueil et à la luxure — les deux monstres accouplés par M. Seillière et par lui baptisés : *Impérialisme mystique*?

Il y a deux moi : D'abord le moi de surface, d'écume souvent, le moi des anecdotes et des faits divers : celui de l'orgueil et de la luxure, et de tous les péchés capitaux;

---

[a]. « Un petit auteur qui emprunte un caractère à un autre auteur n'y gagne rien, car il faudrait qu'il lui empruntât en même temps UN AUTRE MOI. » *Poétique...* de Jean-Paul Richter, Paris, 1862, II, p. 47.

celui dont on peut dire que tel jour il a prononcé telle parole, esquissé tel geste, couru à telle aventure, commis telle énormité. Pensées, actions, passions, bonnes ou mauvaises, moi évanescent et contradictoire, à peine s'est-il manifesté qu'il meurt, laissant la place à un autre qui est encore lui et qui n'est pas lui. Moi autour duquel s'acharne et s'absorbe la jalousie, la haine, l'amour des autres, moi de surface. Toujours meilleur ou pire qu'il ne se montre, toujours menteur, souvent cabotin. C'est le moi, d'ailleurs prodigieusement intéressant, tragique, bouffon, dont les moralistes font leur pâture principale ; c'est le moi de La Bruyère ; le moi, non pas certes, de la poésie classique, mais du classicisme. C'est ce moi-là, ce presque néant qu'ils appellent : l'Homme.

Et il y a le moi qui demeure, image et temple de Dieu, le moi de toutes les inspirations, foyer de toute poésie véritable, de tout héroïsme. Aucune des attitudes par où il se manifeste au dehors ne le définit ; aucune des activités dont il est la source ne l'épuise ; aucune des capitulations où il se prête ne fait de lui un esclave. C'est lui sans doute, qui pense, mais de telle façon qu'aucune de ses pensées ne l'exprime vraiment, et encore moins aucun de ses mots ; lui qui agit, mais il survit tout entier et à chacun et à l'ensemble de ses actes ; lui qui aime, mais aucun de ses amours ni ne le comble ni ne le donne. Plus résistant que l'autre, néanmoins presque aussi vide. Mais un vide vivant : un besoin, une inquiétude, une prière solides. Possession entrevue et commencée, ou « capacité de Dieu ». Comme il est avant tout puissance d'aimer, comme il ne s'ébranle que pour s'unir à qui peut le satisfaire, l'Écriture, saint Augustin, Pascal l'appellent « cœur ». Fine pointe ou centre ou cime de l'âme, disent les mystiques ; *Anima,* dit Paul Claudel. Tel est le moi que le romantisme essentiel, éternel, veut émanciper, non pas de la raison, ni des règles de la morale, ou du dogme — car pour cette émancipation-là, on ne l'a pas attendu : c'est Ève, au paradis terrestre, qui en a donné le signal, — mais de la tyrannie de l'autre moi. Surindividualisme, et non pas individualisme, puisqu'on tient à ce jargon.

Du second et du plus riche de ces deux moi, les théoriciens du classicisme se désintéressent. Quoi de plus frivole que l'*Art poétique*? Pas une fois, pendant qu'il remettait son ouvrage sur le métier, Boileau ne s'est demandé : *Quid hoc ad æternitatem?* Par *æternitas* j'entends ce qui importe à la vie profonde, ce qui répond à l'inquiétude d'*Anima*. C'est pour cela du reste, que le poète selon Boileau, dès qu'il est médiocre, nous devient insupportable. Pas de milieu chez eux entre perfection artistique absolue et néant. Chez les poètes romantiques, il y a un milieu. Sainte-Beuve, par exemple, nous l'aimerions mieux parfait, mais ses prosaïsmes les plus atroces — *Monsieur Jean!!* — ne nous laissent pas indifférents. Imagine-t-on gaucherie plus irritante que celle de La Morvonnais? Et cependant, quel lecteur, je ne dis pas chrétien, mais simplement poète, ne le préfère à Delille? Heureux, chante laborieusement Sainte-Beuve,

> Heureux dont le langage impétueux et doux,
> En servant la pensée est toujours en dessous!

Non, trois fois maudit, s'il est au-dessous de ses « pensées »! A quoi bon mettre en vers obscurs et maladroits ce que la prose dirait à merveille? Mais heureux de « servir », vaille que vaille les inspirations intraduisibles d'*Anima* ;

> Qui laissant déborder l'urne de poésie.
> N'en répand qu'une part et sans l'avoir choisie ;
> Et dont la sainte lyre, incomplète parfois,
> Marque une âme attentive à de plus graves lois !

à l'inspiration, à la dictée d'*Anima*.

> Son défaut m'est aimable et de près m'édifie :

Ai-je besoin d'ajouter que ce défaut, pris en lui-même, n'a rien de si édifiant. L'idéal n'est pas qu'*Animus* bégaie. La *Divine Comédie*, plus romantique que le *Lutrin*, ou plus poétique, serait-elle d'un art moins achevé ? Non, que l'on sache. Mais elle est d'autant plus parfaite qu'elle n'est pas que parfaite. Au moment même où elle satisfait à toutes les exigences d'*Animus*, elle avive les exigences d'*Anima*. Plus elle enchante notre goût, notre oreille, notre raison, plus elle va troubler au plus profond de nous-mêmes, ou réveiller le *cor irrequietum*, le meilleur moi, duquel on peut affirmer sans témérité que Boileau, théoricien de la poésie, n'a pas le moindre souci. Je mêle tout, l'esthétique et le sermon ? Eh ! ce n'est pas moi. Le plaisir esthétique n'étant pas notre fin dernière, il faut que, même en présence des chefs-d'œuvre, *Anima* demeure insatisfaite, en proie aux souffrances du vide. Souffrances qui sont aussi des exaltations. *To be at ease is to be unsafe*, disait Newman : une conscience qui n'a pas d'inquiétude, qui assiste aux ébats du moi de surface comme à une partie de tennis, est malade, est en danger. Cette loi de toute vie morale et religieuse est aussi le principe premier de la poétique. Vous ne le trouverez pas chez Boileau ; vous le trouverez, plus ou moins confusément réalisé, plus ou moins bizarrement présenté chez tous les romantiques.

Pourquoi Shakespeare est-il plus chrétien que Racine, et plus grand poète, se demande Manzoni ? Vous pensez peut-être qu'il va répondre que c'est parce qu'il a y un moine dans *Roméo et Juliette,* Non, c'est parce que, chez Shakespeare, *piu si va in fondo al cuore,* parce que Shakespeare est plus constamment et avec plus d'intensité le poète du moi profond. Shakespeare, un grand poète religieux, disait Newman, qui, certes, ne badinait pas avec ce mot. Mrs Oliver Ward Campbell a publié récemment un ouvrage très remarqué, — *Shelley and the Unromantics* — que je ne connais encore que par les *revues,* et qui donne du romantisme une définition presque aussi mystique, — bien que ce mot fasse peur à Mrs Campbell — que celles que nos présentes méditations ont pour but de suggérer. Pour Mrs Campbell, le romantisme n'est pas la découverte des montagnes et des cathédrales, le retour à la nature, la recherche du pittoresque ou du macabre ; c'est encore moins la passion débridée et cette canonisation des péchés capitaux qui fait tant de peine — et je le comprends ! — à M. le baron Seillière. Tout cela, conséquences plus ou moins logiques ; excroissances parasitaires ; écumes ; scories. Du romantisme, et Byron, et Walter Scott, et Coleridge lui-même, n'auraient que le style. Mrs Campbell ne connaît que trois romantiques purs : Shelley, Wordsworth, Keats. Elle les veut décidément trop purs, mais tant d'autres les veulent décidément trop bêtes ou trop infâmes que ce léger excès est bien pardonnable. Quoi qu'il en soit, voici comme elle définit l'essence du romantisme :

Une certaine foi en l'homme, foi mystique peut-être, qui ne s'appuie pas sur les manifestations éclatantes de son pouvoir, mais sur le sentiment de la grandeur essentielle de l'âme — sur l'espoir, que, peut-être, il est plus que mortel.

C'est très fort. Une certaine *faith in man*, foi quasi mystique et qui dépasse donc les simples, sèches et branlantes certitudes rationnelles ; un défi à la mort, hésitant peut-être, assez ferme, néanmoins, pour nous exalter. La philosophie particulière de Mrs Campbell ne lui permet pas, semble-t-il, d'aller plus loin ; mais à un chrétien, rien de plus simple, d'abord, que de souffler sur ces peut-être, puis que de pousser jusqu'à la racine même de cette grandeur essentielle, qui est la présence de Dieu en nous. Il n'est de parfait romantisme que chrétien, mais en tout romantique veille un Pascal, un chrétien, sinon de fait, au moins de désir ou de tendance.

On peut toujours hausser les épaules. Le geste est peu fatiguant, mais enfin cette philosophie de la poésie et du romantisme n'est pas un produit de sacristie. « Pour moi, écrit M. Middleton Murry, le problème fondamental est de définir les relations entre religion et littérature ». Problème nouveau, et tout romantique. C'est, en effet, grâce au romantisme que la littérature a cessé d'être un simple divertissement, le jeu de quilles dont parlait Malherbe, le culte des chinoiseries stylistiques dont parlait Boileau, pour devenir *the great religious adventure of the human soul*. De cette religieuse aventure l'enjeu ne peut être que la libération d'*Anima*.

Dans l'article du *Criterion* que je résume en courant, et qui a pour titre : *Romantisme et Tradition* (1924), M. Middleton Murry répète, lui aussi, mais à sa manière, la définition de Mrs Campbell que nous venons de citer. Pour lui aussi, le romantisme est essentiellement *a certain kind of faith in man*, mais il veut, de plus, et ceci est capital, que cet acte de foi en l'homme soit proprement et explicitement religieux, la vraie et profonde conscience que nous avons de nous-même, impliquant la rencontre de Dieu au dedans de nous, une prise de contact avec Dieu.

Si la religion est la réalité fondamentale de l'âme, si la conscience que cette âme prend d'elle-même exige nécessairement quelque saisie du Dieu qui l'habite et lui donne l'être, la littérature qui n'est que la manifestation de cette âme profonde, essentiellement religieuse, se trouve inévitablement, indissolublement pénétrée de religion. Pas d'échappatoire possible. Religion et littérature sont comme deux branches qui jaillissent d'une même racine éternelle.

Cette intuition de notre moi profond et de la présence divine qui réside en lui — nous autres, chrétiens, nous disons hardiment : qui le divinise — et qui, par là, fonde sa grandeur; cette intuition, qu'on l'appelle mystique si l'on veut, cela, continue M. Murry, ne me fait pas peur. L'important est de savoir que c'est par là que se distingue, en dernière analyse, le mouvement romantique. *This was at the creative centre of Wordsworth, of Shelley, of Keats, and of Coleridge.* Et cela, c'est aussi déjà le fond de Shakespeare.

[M. le baron Seillière qui, sans le vouloir, certes, ne cesse de dégrader les mots les plus augustes de la langue chrétienne, parle quelque part « d'un état d'esprit que les quiétistes, ces ancêtres du romantisme, appelaient la Déiformité, et dans lequel nous voyons pour notre part, une prétention audacieuse à l'alliance étroite, intime, totale et privilégiée avec la Divinité toute puissante. (*Sainte-Beuve, agent, juge et complice de l'évolution romantique,* Paris, 1921). Eh! mon cher confrère, cette folle prétention, c'est l'Évangile lui-même qui nous la prêche, et avec lui, les Pères, les théologiens, les spirituels de tous les temps. Lisez, pour faire court, un petit livre, fort peu quiétiste ou romantique, du R. P. Ramière, et qui a pour titre : *La Divinisation du Chrétien.* Eh! je sais bien que le serpent, déjà romantique, de l'Eden promettait aussi à nos premiers parents de les rendre déiformes. Mais j'en conclus qu'il y a là matière à des distinctions infinies. Et précisément l'infortune congénitale de cette philosophie seillièrenne, — pour autant que je la saisis — est de ne pas même soupçonner la complexité prodigieuse — historique, psychologique, littéraire, morale, théologique, religieuse, — des mille problèmes qu'elle croit résoudre. Il n'y a pour elle qu'un Rousseau, celui des honteuses confidences ; l'adultère ; qu'un romantisme, l'absurde ; qu'un mysticisme, le faux.]

Pour M. Middleton Murry, le romantisme ainsi compris est, aujourd'hui encore, et depuis trois ou quatre siècles, un mouvement de révolte contre tout de qui empêche le plein épanouissement du moi profond, et notamment contre la tyrannie des églises. Le catholicisme serait donc lui aussi un classicisme ; tout prêtre, un Boileau. Or, il va de soi, et que je ne suis pas de cet avis, et que je n'ai pas ici à m'expliquer sur ce point. Je rappellerai simplement un fait ; le nombre et l'éclat des mystiques catholiques, la merveilleuse renaissance mystique à laquelle la Contre-Réforme a précisément donné le branle. Sainte Thérèse est née quelque quarante ans avant Shakespeare ; nos mystiques français du XVIIe siècle précèdent, d'un siècle ou deux, Wordsworth, Coleridge, Keats et Shelley. Et, M. Middleton Murry lui-même, pour mieux expliquer sa propre philosophie de la poésie, ne trouve rien de mieux que de recourir à la psychologie des mystiques catholiques.

[Une parabole, si lumineuse, si bienfaisante qu'on la suppose, n'est après tout qu'une parabole, il en va de celle de Claudel comme de toute les images qu'emploient les mystiques : cime, pointe, centre, surface de l'âme. Les prendre tellement à la lettre que l'on en vienne à isoler soit l'expérience poétique, soit l'expérience mystique des autres activités humaines, serait folie. Essayant de décrire une expérience indéfinissable, il est naturel, il est bienfaisant que mystiques et poètes mettent l'accent sur la distinction entre connaissance réelle et connaissance rationnelle. Mais il est indispensable que le philosophe, tout en faisant sienne cette distinction, mette, à son tour, l'accent sur la solidarité essentielle et constante qui noue, pour ainsi dire, l'une à l'autre, ces deux sortes de connaissances ; sur l'interdépendance de ces deux activités que l'on fausse également, bien plus, que l'on paralyse, si l'on tente de les brouiller l'une avec l'autre. Cela est indispensable, disons-nous, non seulement à une philosophie de la connaissance, mais encore à une philosophie de la volonté, et, par suite, à une philosophie de la vie intérieure et de la prière. Sous prétexte d'exalter le don de Dieu, sans lequel il n'y a pas de vraie prière, n'allons pas exclure de la mystique toute préparation rationnelle, morale, ascétique, pour n'y voir qu'une affectivité pure, qu'une *passivité* totale ; on aboutirait soit au plus creux sentimentalisme, soit au quiétisme. L'ascèse n'est pas la prière, mais sans un minimum d'ascèse, il n'est pas non plus de vraie prière. Si *Animus* se refuse à porter sa croix l'extase d'*Anima* ne sera qu'une illusion. Tout cela pour que l'on saisisse la portée indéfinie de la parabole claudellienne et pour que j'avoue, une fois de plus, les insuffisances multiples de la synthèse sommaire que nous esquissons ici.

Appendice à la note sur Ruskin et Proust.

On me signale, a la dernière minute, un article important de M. Gabriel Mourey, dans *Le Monde Nouveau* (15 août-15 septembre 1926) : *Marcel Proust, John Ruskin et Walter Pater.* Mais je n'ai jamais songé à mettre en doute l'influence de Ruskin sur Proust. Je remarque seulement — et c'est, en effet, extrêmement curieux — que l'esthétique de la *Sonate de Vinteuil,* le travaillait déjà, pour ainsi dire, dès sa dix-huitième année, et avant, semble-t-il, qu'il eût pris contact avec Ruskin. Il me semble, du reste, aussi que l'esthétique de Ruskin est assez confuse, n'est même pas toujours très cohérente. Ne peut-on en dire autant des intuitions de Pater ? De Ruskin et de Pater à M. Bradley et à M. Middleton Murry, le progrès est manifeste.]

XIII
L'ACTIVITÉ PROPRE DES MYSTIQUES

Et comme elle nous aide à déterminer le foyer de toute expérience poétique — cette zone profonde, cette pointe ou ce centre, *Anima;* — la psychologie des mystiques nous donne le moyen de nous faire une certaine idée, ou plutôt d'esquisser une certaine description de l'activité mystérieuse qui se développe au cours de cette expérience, qui est cette expérience même.

Activité, disons-nous, mais d'une telle intensité que ce mot — le seul que nous offre le lexique d'*Animus* — est beaucoup trop faible, si faible que la littérature mystique n'aime pas à l'employer. Ils préfèrent parler d'états passifs, terme encore plus impropre et qui risque de perpétuer une équivoque lamentable. Il est certain, en effet que, dans la contemplation la plus haute, l'activité des facultés de surface parait étrangement réduite Les *actes* cessent, disent-ils, les facultés se trouvent suspendues ou paralysées. Puisqu'ils l'affirment, il faut les en croire, sauf à mettre ces affirmations d'accord avec des certitudes plus incontestables ; mais il est encore plus nécessaire de comprendre qu'à cette cessation, quelle qu'elle soit, correspond automatiquement — comme l'effet correspond à la cause — un redoublement des activités profondes. L'homme n'agit plus, il est agi, aiment-ils à dire : va pour ce magnifique solécisme ! Mais à la force étrangère qui l'*agit,* le mystique adhère de tout son être, déployant dans cette adhésion qui est un acte, l'acte des actes, une énergie auprès de laquelle l'attention la plus concentrée d'Animus paraît inertie. *Dilata os tuum et implebo illud. Anima* se dilate pour accueillir, pour faire pénétrer jusqu'à ses dernières fibres, le don divin.

Cette adhésion, qu'est-ce à dire ? « Il y a, répond le P. de Grandmaison, des moments où l'homme prendrait de Dieu une connaissance immédiate, expérimentalement perçue. »

« Pour un observateur superficiel, écrit le R. P. Maréchal, l'état mystique est un protée aux formes multiples et variables, à peine reliées entre elles par je ne sais quel ton indécis de religiosité pathologique. Encore, parmi les manifestations de cet état, la vue un peu courte de pamphlétaires, de médecins grossement psychologues, ou de dévots moins éclairés, n'a-t-elle su discerner trop souvent que les phénomènes somatiques, les bizarreries pieuses et le gros merveilleux. Grâce à Dieu, l'accord semble fait, aujourd'hui, entre les chercheurs sérieux pour distinguer soigneusement, au sein du mysticisme, l'essentiel de l'accessoire. Et dans le tracé même, si délicat, de cette frontière, les auteurs de tendances les plus diverses viennent à se rencontrer à peu près.

Le P. Poulain (par exemple) dit des états mystiques, que leur vraie différence avec les recueillements de l'oraison ordinaire c'est que, dans l'état mystique, Dieu ne se contente plus de nous aider à penser à lui, et à nous souvenir de sa présence, mais qu'il nous donne de cette présence une connaissance intellectuelle expérimentale.

Voilà bien le phénomène mystique fondamental, le sentiment direct de la présence de Dieu, l'intuition de Dieu présent. Le reste : extase physique, suspension des sens, visions sensibles ou imaginaires, paroles intérieures, lévitations, prodiges, claire-vue, etc... sont de purs accessoires qui peuvent ou non accompagner l'état fondamental et dont la cause immédiate peut être diverse.

Même départ judicieux chez M. Boutroux : Le phénomène essentiel du mysticisme est ce qu'on appelle l'extase, un état dans lequel toute communication étant rompue avec le monde extérieur, l'âme a le sentiment qu'elle communique avec un objet interne qui est l'être infini, Dieu ...

[Le R. P. Maréchal ne voudrait pas identifier l'état mystique avec l'extase définie en un sens aussi restreint. Il ajoute que « plusieurs mystiques prétendent réaliser la communication mystique sans rompre la communication avec le dehors. » Ainsi encore William James : « La conscience d'une illumination est pour nous la marque essentielle des états mystiques », *Variétés* p. 408, note 2. Oui, mais pourvu qu'il soit bien entendu qu'il ne s'agit aucunement d'une illumination rationnelle, notionnelle — l'expérience mystique n'est pas révélation — et pas davantage, d'une *vision* au sens propre du mot. Distinction capitale et trop communément négligée.]

Il serait facile, continue le P. Maréchal, de multiplier les citations, facile encore, plus instructif, mais, ici, trop long, d'en appeler au témoignage concordant des mystiques eux-mêmes. Nous sommes donc fondé (dans l'étude des états mystiques), à prendre comme centre de perspective le point culminant de ces états, c'est-à-dire le sentiment de la présence immédiate d'un être transcendant [a]. »

N'étudiant ici le mysticisme qu'en fonction, si l'on peut dire, de la poésie, je n'ai pas à démontrer scientifiquement que, dans l'ensemble, on peut s'en rapporter au témoignage des mystiques. Pour ma part, leur seule histoire m'assure que pris en bloc ils ne peuvent être ni des simulateurs ni des visionnaires. En effet, bien que nul d'entre eux ne soit jamais banal, tous néanmoins, ils traduisent, à leur façon, une même expérience. Ils ont beau ne pas se connaître, ils semblent toujours se copier les uns les autres. C'est là peut-être ce que leur histoire présente de plus émouvant. La différence de tant de témoins « ne fait que rendre plus frappant », l'accord de leurs témoignages : « italiens, anglais, néerlandais, allemands, espagnols ou français ; moines ou séculiers ; théologiens ou simples ; contemporains de saint Bernard ou de Philippe II... ; écrivains de race ou paysans presque illettrés ; à côté de particularités multiples... de grandes lignes se dégagent, toujours les mêmes. Des nœuds se forment, concentrant aux mêmes points la poussière subtile des observations psychologiques ; des façons de parler reviennent spontanément pour caractériser les étapes de l'ascension spirituelle. Sur l'essentiel... il y a entente [b]. »

Quel est cet essentiel ; on nous l'a déjà dit en deux mots savants, mais le voici résumé par le R. P. de Grandmaison en quelques phrases précautionnées et ferventes :

1° Il existe des moments, courts et imprévisibles, durant lesquels l'homme a le sentiment d'entrer, non par un effort, mais par un appel, en contact immédiat, sans image, sans discours, mais non sans lumière, avec une Bonté infinie.

---
a. Maréchal, *La psychologie du mysticisme*, pp. 6, seq.
b. R. P. de Grandmaison, *loc. cit.*, pp. 323-324.

2° Cette perception quasi-expérimentale de Dieu, d'une intensité et d'une clarté très variables, cette expérience douloureuse et délicieuse est ineffable. Les approximations les moins déficientes sont celles qu'on tire des opérations des sens : goût, saveur, vue, toucher... Aucun terme ne sert pour rendre une impression aussi nouvelle, aussi spéciale, aussi puissante...

3° La connaissance qui en résulte n'est pas moins *sui generis* que la saveur même. Elle est communément générale, pauvre en éléments enseignés, en détails... C'est plutôt une assurance donnée, un rayon tombant sur une réalité vivante et l'éclairant en profondeur.

4° Nonobstant cette généralité, la connaissance mystique est habituellement d'une richesse affective, d'une force de pénétration et de rayonnement intérieur incomparables. A la sèche et banale connaissance abstractive se substitue une sorte d'évidence immédiate, indiscutable, imposée.

5° Ces caractères de la vie mystique justifient la langue employée d'instinct dans la plupart des écrits de ce genre... Comment rendre cette impression ? Sa force, son inattendu, son originalité, pousse les mystiques à recourir aux expressions les plus frappantes... S'agissant d'une connaissance unitive, ils prennent naturellement leurs termes de comparaison dans les unions humaines les plus étroites... S'agissant de perceptions directes, immédiates ou donnant l'impression d'être telles, les mystiques recourront aux métaphores tirées des opérations des sens ? Tout un organisme de sens spirituels semble ainsi à leur disposition... S'agissant enfin d'un acte extrême, ébranlant l'instrument humain jusqu'en son tréfonds, exigeant de lui une tension extraordinaire, les mystiques affectionneront les antithèses, les termes opposés, affrontés, contractés jusqu'à la contradiction. Cette outrance souligne et soulage leur impuissance à tout dire...

6° Un dernier trait et capital, met d'accord tous les mystiques chrétiens, bien que des descriptions inhabiles et incomplètes, et encore plus, une hagiographie ignorante aient pu suggérer parfois le contraire. C'est que le fond de l'état de « contemplation infuse » consiste dans le seul acte décrit plus haut... (c-à-d) le contact savoureux et (à consulter l'impression de celui qui l'éprouve) sans intermédiaire, de l'Amour premier. Là où manque ce sentiment de présence immédiate il n'y a pas, là où il existe il y a contemplation mystique [a].

Ici, à quoi bon redire une fois de plus — car il me faudrait le faire à chacune de nos étapes — qu'il n'est pas question d'égaler la pâle veilleuse du poète au soleil des contemplatifs ; une expérience profane et en somme assez commune à une expérience toute surnaturelle et qui n'est pas accordée à tous les chrétiens, même très dévots ? Il s'agit uniquement de demander à la plus merveilleuse littérature introspective qui soit, quelques lueurs sur le mécanisme psychologique de l'expérience poétique. Celle-ci est à mon avis un don de Dieu, une grâce même, une activité essentiellement orientée vers la prière comme le disait tantôt M. Middleton Murry ; mais serait-elle moins surnaturelle encore qu'elle ne l'est en effet, serait-elle toute profane, terrestre, frivole même, elle n'en resterait pas moins une connaissance distincte de la connaissance notionnelle, un « simple regard de l'esprit sans formation d'espèces », une perception directe, immédiate, globale ou une saisie obscure du réel, un sentiment de présence, un contact, un toucher profond, une « connaissance unitive », l'ébauche d'une possession, une réalisation, une « connaissance réelle ».

Au delà des idées, des images, des sentiments de la sensation — mais, bien entendu, par l'intermédiaire de toutes les activités de surface la connaissance poétique atteint des réalités, unit le poète à des réalités. Non pas directement à la réalité souveraine, Dieu lui-même — cela c'est le privilège exclusif de la connaissance mystique — mais à tout le réel

---

a. R. P. de Grandmaison, *loc. cit.* pp. 324-328.

créé et sous le réel créé, indirectement à Dieu lui-même... Le lyrisme serait la saisie du moi profond ; la poésie dramatique et narrative la saisie, par le moi profond, des autres réalités. Mais ces distinctions paraissent assez vaines, lyrisme, mise en branle du moi profond et poésie, cela ne fait qu'un. Ici, je ne puis que renvoyer à la *Sonate de Vinteuil*. Comme analyse de la connaissance poétique, je ne connais rien de plus exact, si ce n'est le *Prélude* de Wordsworth et quelques pages de Patmore dans la *Religio Poetae*. Citons encore les commentaires si pénétrants de M. Pierre-Quint :

> Dans la conscience de chaque artiste, le monde se reflète (est saisi, est possédé) d'une manière particulière et unique. « Chaque artiste semble ainsi comme le citoyen d'une patrie inconnue (*Anima*) oubliée de lui-même... » Et plus l'artiste se rapproche de cette patrie (plus la saisie est vive et directe), plus son œuvre s'élèvera en beauté... C'est bien dans cette patrie perdue si profondément dans la conscience que Proust lui-même essaie de retourner pour trouver l'essence de ses impressions et les reproduire, travail qui est à la base même de ses livres et que nous avons appelé sa méthode d'exploration en profondeur.

Mais non, c'est la méthode qui s'impose spontanément à tout poète. Le grand mérite de Proust est d'en avoir pris une si claire conscience.

Tirée de ce qu'il peut y avoir de plus secret en lui l'œuvre d'art ne reproduira pas le monde selon les images conventionnelles (et les notions) qui sont celles du public. Elle déformera les apparences de la réalité pour atteindre cette réalité.

Déformation, non imitation exacte. Imiter, *Animus* suffit à cela.

Cette réalité qu'il doit atteindre en perçant la couche solidifiée de son moi..., jamais elle ne s'offre à lui toute nue.

Elle s'offre, comme un don, comme la rosée à la terre, comme l'amour à l'amour ; mais ce don, nous avons dit que l'âme profonde ne le fait sien qu'au prix d'une activité intense. D'où l'effort et d'où la joie qui le suit.

Notre joie ne résulte en effet, que de la communion de nous-même avec une partie du monde extérieur.

Plus encore, avec nous-même : la possession des réalités extérieures nous ramenant invinciblement à ce moi profond qui s'unit à elles.

Une communion qui associe vraiment notre être profond avec l'essence des choses... Ni les salons, ni les voyages... (ni rien de ce qui borne l'activité d'*Animus*) ne peuvent nous apporter cette fusion mystique de notre vie avec la vie qui nous entoure, parce que ni les uns ni les autres ne sont assez puissants pour nous permettre de nous évader de notre moi et de briser son écorce... L'art seul réalise ce miracle.

Pourquoi l'art seul ? L'union mystique le réalise bien davantage :

Ce que l'écrivain trouvera au-delà de l'image et des notions[a], dans une communion entre le monde extérieur et lui, est tellement différent du cours habituel de sa vie qu'il pressent que de ce côté-là est caché le bonheur... Aussi, au-delà du langage ordinaire, au-delà des pures idées logiques, l'art permet à l'individu d'exprimer son élan original. Les efforts combinés (très bien !) de son intelligence et de son intuition lui permettent de toucher la réalité dans la joie[b].

C'est « cette disposition sereine et bénie » dont parle Wordsworth,

---

a. Et des constructions intellectuelles, ne nous lassons pas de le répéter.
b. Pierre-Quint, *op. cit.*, passim.

Où insensiblement nos sentiments nous élèvent,
Jusqu'à ce que notre respiration
Et même le va-et-vient de notre sang
Presque suspendus, notre moi charnel endormi,
Nous ne sommes plus qu'une âme vive,
Cependant que d'un œil, qu'a délivré le charme
De l'Harmonie et d'une joie insondable,
Nous contemplons la vie même des choses [a].

We see into the life of things. « Mes personnages m'affectent, me poursuivent, disait Flaubert, ou plutôt c'est moi qui suis eux. »

C'est un des lieux communs de la théologie mystique. Un texte entre mille nous suffira : « C'est là le style des bons amoureux de vivre davantage dans l'objet de l'amour qu'en soi-même, ils tiennent là leurs pensées, et ne sont point dans ce qu'ils boivent et ce qu'ils mangent, ni en ce qu'ils font, mais bien dans le sujet qu'ils aiment [b]. »

Ainsi dans la mystique musulmane : « J'étais une gouttelette perdue dans l'océan du mystère, dit l'auteur du *Langage des Oiseaux*, et maintenant je ne retrouve plus cette gouttelette. »

Et le divin petit poème que Fitzgerald a traduit du persan :

Il frappe à la porte du Bien-aimé ; du dedans une voix répond : Qui est là ? — C'est moi, fit-il, et la voix répondit : Pas de place pour moi et toi dans cette maison. — Et la porte resta fermée. Alors l'amant se retira dans le désert, jeûna, pria dans la solitude. Au bout d'un an, il revient, il frappe encore à la porte. De nouveau, la voix demande : Qui est là ? — Il répondit : C'est toi-même — et la porte s'ouvrit à lui. »

---

a. *Tintern Abbey*.
b. A. de Rojas.

Edgar Poe remarquera propos de Hamlet, que dans les crises d'« intoxication », de folie, le malade se trouve irrésistiblement poussé à exagérer dramatiquement son exaltation propre ; il veut paraître encore moins maître de soi qu'il ne l'est en réalité ; dans tout délire il y aurait une part de cabotinage.

Or cela, continue-t-il, Shakespeare ne le concevait pas, ne se le disait pas expressément à lui-même ; il le *sentait*. Il le sentait, grâce à cette merveilleuse faculté qu'il avait de s'identifier avec tout ce qui est humain — faculté qui fait en dernière analyse, toute la magie de Shakespeare. Il fait parler Hamlet. Ayant d'abord imaginé comme suite aux révélations du spectre, un détraquement partiel de son héros, il a senti que Hamlet se trouverait excité à exagérer ce premier délire [a].

This Shakespeare felt, not thought. C'est en un mot ce que M. Bradley nous expliquait plus longuement tout à l'heure. Pourquoi, demandera quelqu'un, ne pas s'en tenir à la vive formule d'Edgar Poe ? Eh ! parce que ces mots : sentir, sentiment, sont équivoques, et que, pris au sens propre, ils désignent l'activité d'une de nos facultés de surface. Ce « *Sentiment* », comme aussi bien la « *Sensation* » des lettres de Keats veut dire ici connaissance poétique et unitive, adhésion ardente et massive de toute l'âme au réel qui s'offre à elle.

On répète à satiété que les classiques ont excellé dans la connaissance de l'homme. Si l'on entend désigner par là une connaissance notionnelle et abstraite du jeune homme, du vieillard, du jaloux, de l'avare, de l'amoureux en soi, à merveille, mais ce n'est pas là une connaissance poétique. Si Racine n'avait pas d'autre mérite, il nous faudrait le placer au-dessous des grands moralistes et des sermonnaires. A

---

a. *Œuvres de Poe.* t. III. *Marginalia*, p. 470.

l'analyse psychologique des passions, l'intelligence d'*Animus* suffit ; c'est là un de ses objets naturels, Mais, en vérité, Racine ne nous apprend — ce qui s'appelle apprendre — sur Andromaque ou sur Phèdre que ce que nous savions déjà ou que les psychologues de profession nous apprendraient beaucoup mieux. Il fait autre chose, et ce que seul un poète peut faire : il excelle dans la connaissance poétique des âmes. S'identifiant — non pas d'abord aux mouvements passionnés, mais à l'être même d'Andromaque ou de Phèdre, — comme il est doué par ailleurs d'un art merveilleux qui lui permet de faire passer en nous quelque chose de ce qu'il éprouve lui-même à cette saisie, à ce contact, — il rend sensibles, présents à notre propre moi profond le moi profond de ses personnages. Ainsi font tous les poètes, et avec eux bien entendu, les romanciers et les historiens de génie, Balzac, Stendhal, Michelet, Péguy par exemple. Même les romanciers, dits psychologues, ce qu'ils nous apprennent directement, explicitement de psychologie est, en somme, fort peu de chose. Quoi qu'il en soit, mince ou copieux, leur message proprement didactique, on peut le mettre en bouillon — comme disait Madame de Sévigné des *Essais* de Nicole — ou en tableau synoptique. Après quoi, s'ils n'étaient que moralistes, nul besoin de les relire, tandis que la connaissance poétique où ils nous invitent et qu'ils provoquent en nous, étant par définition aussi informulable qu'*inépuisable,* nous la recommençons indéfiniment. Avec cela, il est très vrai que cette connaissance poétique des âmes, stimule nos facultés ordinaires de connaître, notre curiosité psychologique, et nous suggère des méditations indéfinies sur la nature et les ravages de la passion. Mais ce sont là méditations de moraliste et non plus intuitions de poète.

XIV
Collaboration nécessaire d'Animus et d'Anima

C'est qu'en effet les ponts ne sont jamais coupés, entre ces deux modes de connaissance. *Animus* et *Anima* non seulement n'ont aucun besoin de s'égorger l'un l'autre, mais encore ils ne peuvent se passer l'un de l'autre. Une *Anima* qui aurait — prouesse irréalisable — jeté son *Animus* par la fenêtre, changerait aussitôt de nom, se classerait un peu au-dessous de l'instinct des animaux; *Animus*, de son côté, si, toujours par miracle, il arrivait à se débarrasser d'*Anima*, il ferait aussitôt la piteuse figure d'un oiseau sous la cloche pneumatique ou d'un poisson hors de l'eau. Parce que nous les distinguons, on s'imagine que nous voulons les dresser l'un contre l'autre. Mais non! Où a-t-on vu que la flamme fût en guerre avec le foyer; la fleur avec ses racines. C'est une seule et même âme indivisible qui a un centre et une surface; qui raisonne sur le réel et qui le possède; qui ne pourrait pas raisonner sur lui, si, d'une manière ou d'une autre, elle n'avait commencé par le posséder; et qui, si elle ne raisonnait pas sur lui, ou, du moins, si elle ne le *rationalisait* d'une manière ou d'une autre, le posséderait en vain. De la connaissance poétique à la connaissance intellectuelle, il se fait des échanges constants d'action et de réaction. D'une part, la saisie immédiate du réel met en branle, dirige, échauffe, l'intelligence et la volonté ; d'autre part l'intelligence et la volonté, dans la mesure où elles s'accordent aux influences venues du centre, rendent féconde et en même temps plus étroite notre possession obscure du réel.

Représentons-nous le mystique — sous les réserves que nous avons faites et que nous ferons encore, ce que je vais dire est également vrai du poète — à l'heure où, reprenant la vie commune et nos façons normales de connaître, il tâche de s'expliquer à lui-même ou de nous communiquer les impressions par lesquelles il vient de passer. Il réfléchit, il médite, il parle, il écrit. Le voici tout comme nous, car je n'ai pas besoin de dire, que, pour s'exercer autour du souvenir d'une expérience mystique ou poétique, ces activités-là ne sont pas mystiques. Que veut-il maintenant ; retenir, fixer cette expérience plus ou moins interrompue, la prolonger comme il le pourra dans l'ordre de la seule connaissance qui lui reste possible, la connaissance rationnelle avec son cortège indispensable d'images et de concepts.

Lorsqu'il descend ainsi de la connaissance mystique à la connaissance rationnelle, que pensez-vous qui va se passer ? Une agonie d'impuissance ; des efforts désespérés dans la nuit, une vaine tension de tout l'être vers l'amour perdu ; enfin la plainte de Madeleine : *ubi posuistis eum*[a] ? Non, souvent c'est tout le contraire, et normalement ce doit être tout le contraire. Ce crépuscule, cette nuit paraissent répandre beaucoup plus de lumière que le plein midi.

Dans la contemplation, écrit Tauler, l'esprit est transporté au-

---

a. « Où l'avez-vous mis ? » Jean. 11.34.

dessus de toutes les puissances, dans une sorte de solitude immense, dont nul mortel ne peut parler convenablement. C'est la mystérieuse ténèbre où se cache le bien sans bornes. On est admis et absorbé dans quelque chose d'un, de simple, de divin, d'illimité, tellement que, semble-t-il, on ne s'en distingue plus. Je parle non de la réalité, mais de l'apparence, de l'impression ressentie. Dans cette unité, le sentiment de la multiplicité s'efface. *Quand ensuite ces hommes reviennent à eux-mêmes*, ils retrouvent une connaissance distincte *des choses, plus lumineuse et plus parfaite*[a].

Tout de même sainte Thérèse, cette reine de la psychologique mystique :

Quand Dieu élève l'âme à l'union, il suspend l'action naturelle de toutes ses puissances, afin de mieux imprimer en elle la véritable sagesse. *Ainsi elle ne voit, ni n'entend, ni ne comprend, pendant quelle demeure unie à Dieu.* Mais, me direz-vous, comment peut-il se faire que l'âme ait vu, entendu, qu'elle a été en Dieu et Dieu en elle, puisque durant cette union, elle ne voit ni n'entend ? Je réponds qu'elle ne le voit pas alors, mais qu'elle le voit clairement plus tard, après qu'elle est revenue à elle-même, et elle le sait, non point par une vision (subséquente) mais par une certitude qui lui reste et que Dieu seul peut lui donner.

Ainsi la connaissance mystique serait comme un rideau ténébreux qui, en tombant, découvrirait à la connaissance rationnelle des perspectives lumineuses. A mesure que se desserre la possession, réelle mais obscure, qu'il avait de l'Être des Êtres, les puissances du mystique, intelligence, imagination, volonté, semblent recevoir des forces nouvelles, prennent leur vol, assiègent, atteignent elles aussi à leur manière cet Être des Êtres avec une vivacité singulière. En cette extase qui leur semblait les réduire à l'immobilité, elles ont pris de fait, un merveilleux élan ; à cette extase, qui leur

---
a. *Premier sermon pour le deuxième dimanche après l'Épiphanie.*

semblait une nuit, elles ont de fait allumé leur flambeau. L'hiver a passé ; car c'était un hiver pour elles, quoique riche de semences ; voici le printemps.

Réfléchir, comprendre, raisonner, sentir, agir, parler, écrire, elles ne le pouvaient pas tantôt, liées qu'elles étaient par l'étreinte d'une présence. Maintenant, quelle transformation douloureuse pour le mystique, mais joyeuse aussi : douloureuse, parce que, de ses facultés qui ressuscitent, aucune ne lui rendra ce qu'il vient de perdre, ce contact direct avec Dieu ; joyeuse parce qu'un moyen lui est offert de déverser dans toutes les zones de son Être, intelligence, cœur et le reste, de transposer dans sa vie normale quelque chose de ce qu'il avait reçu au centre de son âme ; joie de pouvoir s'occuper de Dieu tout entier, de lui consacrer ses pensées, ses sentiments, ses énergies ; de le connaître et de le faire connaître, de le goûter et de pouvoir le faire goûter ! La prière vocale, les méditations qu'il a dû laisser lui reviennent ; les sacrifices qui la veille encore l'arrêtaient, maintenant ne suffisent plus à la soif qu'il a de souffrir ; les œuvres, il ranime les anciennes ou il en crée de nouvelles ; les discours, la plume, lui qui bégayait jusque-là ou se traînait lourdement, tout lui est facile ; les mots, les images viennent ; il n'a de peine qu'à endiguer ce torrent. « Je dictai un premier volume », raconte l'extatique P. Surin, « et mon esprit se dilatait de plus en plus... Sentant un jour une grande chaleur dans mon esprit pour produire mes pensées et souffrant de ce que mon écrivain tardait à venir, je pris avec impétuosité la plume[a]. » A quoi bon en dire plus long. Aux activités prodigieuses — dévotes,

---

a. *Histoire abrégée de la possession de Loudun et des peines du P. Surin*, Paris, 1828, p, 286.

intellectuelles, sociales, poétiques — qui succèdent à ces expériences ineffables, l'histoire littéraire, l'histoire tout court rend un témoignage assez éclatant.

Ces quelques observations très simples et que nous fournit le témoignage des mystiques contiennent, me semble-t-il, les prémisses de la solution que nous cherchons. Il tombe en effet sous le sens, que si normalement de vives clartés intellectuelles ou affectives suivent les obscurités de l'expérience mystique, celle-ci doit être en quelque façon le foyer de celles-là. Il n'y a pas là pure rencontre accidentelle, mais influence directe et positive. Quelle influence et de quel genre, c'est ce qui nous reste à examiner.

Très certainement, il ne s'agit pas d'une infusion de lumière intellectuelle. Au point où nous l'avons pris, le contemplatif ne ressemble d'aucune façon à l'élève qui, la classe finie, relit et met en ordre ses notes, tâchant de revivre l'enseignement de son maître. Car l'enseignement du maître est plus lumineux que les notes de l'élève : ici, au contraire, la spéculation qui suit l'extase, est beaucoup plus intelligible et riche d'idées que celle-ci. N'allons pas non plus, et pour la même raison, nous imaginer un ami, qui se console de l'absence de son ami en repassant l'entretien qu'il vient d'avoir avec lui. Ici, classe ou entretien ne commencent que lorsque le maître ou l'ami ne sont plus là. Comparaison fallacieuse, du reste, comme toutes celles qu'il nous faut bien employer. Dieu est toujours là, mais il ne se fait plus sentir.

Dieu se laissait donc sentir. Il ne parlait pas, mais, avons-nous osé dire, il faisait mieux et plus que parler, puisqu'il se donnait réellement. Pressez les conséquences d'une telle faveur et vous ne vous étonnerez plus des contre-coups splendides qu'elle doit avoir. Où s'était produit ce contact direct entre Dieu et le mystique ? Au centre de l'âme, répondent-ils. Mais quoi, si loin qu'on le place de la surface où nos facultés se remuent, ce centre de l'âme, c'est nous-mêmes, c'est la source vive de toutes nos activités. Nous ne pensons et n'agissons qu'unis à ce centre. Ce qui l'ébranle profondément retentit plus ou moins dans tout notre être, ébranle aussi l'intelligence et jusqu'aux sens. L'unité de l'être humain le veut ainsi. Supposons que par impossible, le mystique, au sortir de la visite de Dieu, s'emploie immédiatement à une besogne profane, à l'achèvement d'une œuvre d'art par exemple. L'immense allégresse qu'il vient d'éprouver se communiquera nécessairement à la zone de son être où se conçoivent les belles formes ; rendra sa pensée plus agile, son imagination plus féconde, ses rythmes plus harmonieux, sa volonté plus tenace. Que sera-ce donc si, au lieu de cet objet moins auguste, il reste fixé vers le même objet qui l'occupait tout à l'heure, et qu'il peut saisir maintenant d'une autre façon, bien qu'il ne le possède plus ? Ajoutez à cela que, la plupart du temps, sinon toujours, les facultés du mystique, plus ou moins suspendues et liées par l'extase, continuent pourtant de s'agiter comme elles peuvent, et souvent plus qu'il ne faudrait. Elles voudraient s'unir, elles aussi, à ce Dieu présent et le posséder. Désir chimérique et qu'elles doivent réprimer. Mais leur inaction n'est pas inertie. Cette mort apparente, et activement subie, stimule en elles des forces impatientes qui éclateront magnifiquement dès qu'aura fini la douloureuse contrainte.

Ainsi l'extase n'est pas lumière, mais génératrice de lumière ; ainsi le rayon obscur que l'union mystique a laissé au centre de l'âme éclaire la circonférence. Qu'est-ce que ce rayon obscur? C'est le demi-souvenir indéfinissable de l'expérience passée. Peu de chose, direz-vous. Oui, sans doute, si vous pesez le contenu dogmatique de ce souvenir, non, si vous prenez garde à l'invincible certitude qui lui survit. L'âme sait à n'en pouvoir douter, que Dieu lui-même était là, et qu'elle l'a possédé. Revenons au témoignage capital de sainte Thérèse : « Comment peut-il se faire que l'âme ait vu, entendu qu'elle a été en Dieu et Dieu en elle, puisque, durant cette union, elle ne voit ni n'entend?... Elle le sait, non par une vision, mais par une certitude qui lui reste et que Dieu seul peut lui donner. » A l'obscure clarté de cette assurance, tout ce que l'on connaissait avant l'extase s'illumine. *Signatum est super nos lumen vultus tui*[a]. Les semences intellectuelles et morales que le doute, que les mille faiblesses du cœur et de l'esprit menaçaient en nous, sont vivifiées soudain, et toutes nos forces décuplées. Ce que tantôt l'on croyait fermement peut-être, mais lâchement, misérablement, douloureusement, maintenant éclate, se réalise et nous éblouit. Quoi de plus simple! Toute présence aimée produit des effets plus ou moins semblables. Après cette expérience directe de ce que l'on ne connaissait encore que par les livres, après cet entretien avec le héros que l'on n'avait pas encore vu, après cette visite d'un ami, rien n'est changé et tout est changé; rien n'est appris et tout se découvre. Le tocsin de la mobilisation a-t-il ajouté une seule note à l'idée de patrie, que nous avions déjà et qu'à elle seule, cette cloche héroïque ne nous aurait pas donnée? Et cependant, n'est-il pas vrai qu'à cette minute la France nous fut révélée?

---

a. Fais lever sur nous la lumière de ta face. Psa.4.7.

Ce que le mystique se rappelle de ces états extraordinaires, des mouvements intérieurs qu'ils provoquent et des luttes qu'ils entraînent, ce n'est pas la confuse clarté de cette expérience qui le lui révèle. Si d'une part, en effet, la connaissance mystique se fait sans l'intermédiaire de nos facultés communes, si d'autre part, comme il est évident, l'activité de notre mémoire reste enchaînée à celle de ces facultés, le mystique, son expérience passée, ne peut retrouver dans ses souvenirs d'autour de l'extase, que ce qui n'était pas, à proprement parler, l'extase elle-même. En d'autres termes l'extase n'est pas, ne peut jamais être matière littéraire. Cette matière qui existe pourtant, où donc la chercher, sinon dans le brillant crépuscule, dans le halo de l'expérience mystique?

Il s'en faut de beaucoup, en effet, répétons-le, que cette connaissance mystique, ultra-sensible, ultra-intellectuelle, et qui, par suite, repousse le concours de nos puissances, endorme toujours celles-ci et les immobilise tout à fait. Pendant que le centre de l'âme s'offre et s'abandonne à la présence divine, les autres zones, dont naturellement l'atmosphère vitale est plus ou moins raréfiée, voient néanmoins s'exercer encore les facultés qui les occupent. Des images passent et repassent, d'autres impressions sensibles s'ébauchent, des intellections se produisent, des désirs s'émeuvent.

Exigeante, et c'est son droit, puisqu'elle est le meilleur de nous, l'activité splendide qui s'épanouit au centre voudrait absorber toute la sève de l'être, mais elle n'y réussit d'ordinaire qu'imparfaitement. Suivant le succès progressif de cet effort de concentration, s'étageront les divers degrés assignés par les contemplatifs à l'union mystique, — les nuits;

la quiétude; l'union pleine; l'extase parfaite; le mariage spirituel. Parallèlement à ce travail d'absorption, c'est à la surface et dans les zones intermédiaires, tout un ensemble de mouvements qui tantôt s'ordonnent ou tâchent gauchement de s'ordonner, tantôt résistent à l'activité supérieure; c'est dans la volonté, plus proche du centre, une passion d'étreindre, à la façon ordinaire, cet objet qu'elle étreint déjà, mais dans la nuit; c'est, dans l'intelligence, un bouillonnement de curiosité, d'inquiétude; c'est dans les sens, dont le fluide s'est appauvri, tour à tour une dépression ou une excitation angoissante; partout des élans, mais soudain brisés; des appels et des refus; assez de lumière pour que l'on comprenne qu'il est bon de se résigner à cette difficulté croissante d'agir : trop d'agitation, d'espoir, de crainte pour que l'on puisse obéir, sans une sorte de martyre, à cette consigne de dénuement, d'absolu silence. Autant d'actes proprement humains. Au mystique, rendu à lui-même, les souvenirs, la matière littéraire ne manqueront pas. Au poète moins encore, et ceci nous amène à définir ce qu'il y a de vraiment original dans l'expérience poétique.

[En voilà plus qu'il n'en faut pour répondre à une difficulté que je rencontrai de bien des côtés pendant la controverse sur la poésie pure. « Que voulez-vous, m'écrivait-on, moi j'aime à comprendre le poètes que je lis ». Et moi donc juste ciel! Pensez-vous que l'obscurité m'enchante? je ne pousse jusque là ni l'héroïsme, ni l'absurdité. Peu importe, du reste, ce que nous aimons. Quand nous lisons un poète, notre intelligence est toujours de la fête — ou de la corvée. Pas moyen de la réduire au repos. Dès qu'on nous présente une série de mots, elle y mord comme à l'hameçon. Qui niera jamais pareille évidence? Comprenez donc tant qu'il vous plaira. Vous voudriez renoncer à ce plaisir que vous ne le pourriez pas. Mais réalisez donc aussi que pour lire poétiquement un poète, comprendre ne suffit pas. Ce n'est là que la première étape de l'expérience poétique — étape commune à toute expérience proprement humaine, mais étape qui n'a rien de poétique. Comprenez aussi que, dans un poème, tout n'est pas poésie. Il y a là une foule de choses excellentes : un sujet, un plan, des descriptions, des sentiments, des idées, des raisonnements. La part d'*Animus* qu'on ne lui conteste point. Il y a aussi autre chose : la part d'*Anima*. Deux parts qui s'enchevêtrent constamment, comme je viens de le rappeler.]

XV
LE MIRACLE DE LA POÉSIE

Nous l'avons dit vingt fois : posséder une *Anima*, et, par suite, être capable de cette connaissance concrète, réelle, unitive que nous avons essayé de décrire, n'est cas le privilège exclusif du poète et du mystique. Le plus prosaïque des hommes, le plus entêté de sa raison, le moins religieux, a son *Anima*, comme saint Jean de la Croix et Virgile, et on ne peut même pas imaginer de connaissance rationnelle où n'intervienne, où ne s'insinue l'activité d'*Anima*. Le poète et le mystique ne se distinguent donc du commun des hommes que par l'intensité que prennent chez l'un et chez l'autre les activités de l'âme profonde. Ce n'est là, du point de vue du mécanisme psychologique où nous nous tenons encore, qu'une question de plus ou de moins. Au plus sublime degré, les états proprement mystiques ; puis les hauts états poétiques ; puis les états poétiques inférieurs, entendant par là les expériences, soit des mille et mille poètes qui n'arrivent pas à s'exprimer, soit des mille et mille lecteurs qui ne se bornent pas à « comprendre »les poètes ; enfin les connaissances réelles qui sont à la portée de tout le monde, où la saisie du réel est si molle, si évanescente que rien ne trahit le passage du courant. Cette saisie plus ou moins vive du réel, c'est par là que ces divers états se ressemblent ; reste à étudier ce que cette même saisie présente de particulier, de spécifiquement distinct, dans l'expérience poétique.

Deux caractères : ou plutôt deux aspects d'une même singularité : d'abord, un invincible besoin de traduire, de communiquer au dehors, l'expérience poétique ; ensuite, dans les hauts états, un certain don qui permet au poète, non pas de traduire — car toute connaissance réelle est, par définition, intraduisible, — mais de nous communiquer, de faire passer en nous son expérience. On pourrait dire d'un mot : le propre de l'expérience poétique est d'être communicable.

Eh ! quoi, pensera-t-on, cet irrésistible besoin de parler ou d'écrire, le mystique ne l'éprouve-t-il pas, comme le poète. Le P. Surin, par exemple, M. Olier, tant d'autres, ... *Calamus scribæ velociter scribentis*[a]. Oui, certainement, et ils ne cèdent que trop à cette impulsion, mais celle-ci ce n'est pas l'expérience mystique elle-même qui la fait naître, elle tend plutôt à la réprimer, à l'étouffer.

La théologie, écrit à ce sujet un des maîtres spirituels du XVIIe siècle, le P. Guilloré, nous dit qu'il y a de certaines grâces qui ne se donnent pas à l'âme pour elle-même, mais pour les autres.

Le don poétique a cela de commun avec ces grâces : on n'est pas poète au sens fort seulement pour soi, mais pour le public : le don poétique correspond, dans l'ordre naturel, à ce qu'est le don prophétique, dans l'ordre surnaturel.

Mais je dis aussi qu'il y en a qui ne se donnent uniquement à elle que pour se borner dans elle. Je suppose que vous ayez lu ce que dit l'Écriture, qu'il est bon de tenir caché le secret du Roi ; or

---

[a]. « Que ma langue soit comme la plume d'un véloce écrivain. » (Psa.45.2)

est-il d'autre roi des consciences que cet Esprit-Saint, qui en fait le lieu de son empire, en faisant le fond de ses opérations ? Est-il d'autre secret que ces communications précieuses, lesquelles ne doivent point passer la connaissance de ce divin Epoux et de l'âme ; de sorte qu'en faire part à d'autres qu'à un directeur... c'est violer la fidélité du secret.

Il entend par là mettre les directeurs en garde contre un véritable abus. En effet, nombre d'entre eux, fort impressionnés et comme éblouis par les confidences de leurs pénitentes, ordonnent à celles-ci de rédiger par écrit leur histoire intime. Conseil dangereux, déplorable même, dans la plupart des cas [a]. Quel service n'aurait pas rendu à l'Église le directeur qui aurait condamné Mme Guyon à plus de silence ! La fonction normale du mystique dans l'Église n'est pas d'enseigner. Les seules lumières de leur contemplation non seulement ne leur font pas un devoir de se consacrer à cette tâche, mais encore — et c'est ici le point capital — ne leur donnent pas d'elles-mêmes le moyen de la remplir. Prenez-y garde, en effet. Il y a, sans doute, d'incomparables docteurs parmi les mystiques, mais cet n'est pas leur grâce mystique elle-même qui les a fait tels, qui leur a conféré cette mission. Rien, en effet, n'empêche qu'un grand contemplatif soit en même temps un grand théologien, ou un grand philosophe, comme rien n'empêche un Shelley, un Proust d'être des *esthéticiens* de premier ordre. Mais, quand ils écrivent didactiquement sur les choses de la mystique, ces docteurs, Surin, Jean de la Croix, ne se proposent aucunement de nous communiquer leur expérience, de nous élever, par leurs leçons, à l'état mystique. Ils savent trop que nul

---

a. On sait, du reste, que cette fièvre d'écrire est un de ces phénomènes morbides qui accompagnent quelquefois, et surtout dans les cas suspects, les phénomènes mystiques ou pseudo-mystiques.

enseignement humain ne peut produire un tel résultat. Ils s'adressent alors directement, immédiatement à la raison du lecteur, comme fait Shelley dans sa *Défense de la poésie*. Le poète, au contraire, en tant que poète, son but est de provoquer en nous une expérience plus ou moins semblable à son expérience de poète, de nous élever avec lui à l'état poétique. Et de même encore qu'il y a des docteurs parmi les mystiques, il peut s'y rencontrer aussi des poètes, au sens plein et naturel du mot. Sainte Thérèse, saint Jean de la Croix, saint François de Sales, par exemple. Comme poètes, ils font passer en nous quelque chose de leur expérience, non pas du tout mystique — ils ne peuvent pas — mais poétique. Ceux que je viens de nommer ont une triple auréole : docteurs, poètes, contemplatifs. Docteurs, ils communiquent à notre intelligence le fruit de leurs réflexions, de leurs analyses ; poètes, ils nous communiquent leur expérience particulière de poètes ; contemplatifs, ils n'ont rien ni à nous apprendre ni à nous communiquer ; ils gardent pour eux le secret du Roi. Par humilité ? oui, sans doute, mais surtout parce qu'ils n'ont aucun moyen de nous le transmettre.

Docteur, le poète l'est aussi nécessairement. Oh ! de ce chef, son auréole est le plus souvent, tout au plus de papier doré. Mais enfin, il dit toujours, il enseigne presque toujours quelque chose : il exprime des idées, il dessine ou peint des tableaux, il remue des sentiments ou des sensations : bref, tout le bagage didactique que porte inévitablement sur l'épaule quiconque se sert de mots. Mais, riche ou misérable, cette communication doctrinale, ce n'est pas son expérience propre de poète, son don proprement poétique qui le met à même de la faire. En soi, tout cela n'est qu'éloquence. La preuve en est que tout ce que le poète nous apprend dans sa langue, tout ce qu'il dit, peut se traduire exactement dans une autre langue ; tandis que ce qu'il y a de poésie dans un poème reste intraduisible. *Athalie* mise en anglais, n'est plus qu'une pièce d'éloquence, n'est plus *Athalie*. Et si le traducteur, poète lui-même, s'appropriant le texte de Racine comme Racine s'était approprié le texte biblique, tire du même sujet un poème tout nouveau, celui-ci, en tant que poème, n'aura rien de commun avec *Athalie*

Intraduisible, mais non pas incommunicable et tout au contraire. Si l'on ne s'incline pas devant ce fait, il faut avouer que la poésie est un mythe, aussi bien que la pierre philosophale, ou que l'élixir de longue vie. Ou elle peut se communiquer, ou elle n'est rien. A travers ces mêmes mots qui, pris en eux-mêmes, c'est-à-dire, comme signes des idées qu'ils représentent, comme moyen de communication intellectuelle, appartiennent exclusivement à l'enseignement ou à l'éloquence, à travers ces mots l'*Anima* du poète pénètre jusqu'à l'*Anima* du lecteur, jusqu'à la zone centrale dont l'accès est interdit aux didactismes, même éloquents ; elle ébranle ce moi profond, elle l'élève, elle l'associe à sa propre expérience de poète. Le don de rendre les mots capables de cette transmission merveilleuse, c'est par là, que le poète se distingue du mystique, de l'orateur, du commun des hommes.

Par là aussi le vrai poète se distingue de ceux-là même qui éprouvent à le lire un plaisir vraiment poétique. Ce plaisir, ce je ne sais quoi que le poète fait passer en nous est bien poésie, sans doute, mais à l'état faible. Il en est, dit G. Eliot, qui ont le cœur, mais qui n'ont pas la voix du poète. A cette famille innombrable appartiennent d'abord tant de vrais inspirés qui n'arriveront jamais à s'exprimer ; puis tous ceux qui lisent poétiquement les poètes. Aux uns comme aux autres le vrai don poétique a été refusé. Le poète, au sens rigoureux du mot, est une voix — *os magna sonaturum* — ou bien il n'est pas. Aussi longtemps que les mots que l'on emploie ne sont que des signes intellectuels, il n'y a que poésie latente ou diffuse, que poésie en puissance, il n'y a pas de poésie véritable.

Cette connexion nécessaire entre les hauts états poétiques, et la rencontre, laborieuse ou non, peu importe, mais infaillible, de formules propres à communiquer au lecteur un pressentiment, un avant-goût, quelque chose enfin de ces hauts états ; ces mots de tout le monde qui, sous une autre plume, ne présenteraient que des idées ou que des images, rien de poétique, transmués soudain par on ne sait quelle magie, et devenus excitateurs de vibrations poétiques, c'est tout le miracle de la poésie. C'est aussi le problème, infiniment complexe, sur lequel l'esthétique nouvelle tend de plus en plus à se concentrer.

[« Laborieux » travail d'écriture ou non, on voit bien que je fais ici allusion à la consigne classique : Vingt fois sur le métier. Qu'est-ce à dire, et pourquoi ces remaniements éternels ? Mille autres soucis, de clarté, de grammaire, de propriété des termes... soucis communs à l'orateur et au poète, peuvent les commander. Mais le poète, en tant que poète, n'a qu'un souci : rencontrer l'heureuse disposition de mots qui fera passer le courant. Rencontre facile parfois, et comme soudaine. Il faut lire, à ce sujet, dans l'essai délicieux de M. Coculesco, *Sur les rythmes toniques du français* (Les Presses Universitaires, 1925), le « paradoxe sur les corrections », (pp. 76-97). M. Coculesco montre sur plusieurs exemples qu'il arrive souvent que des ratures indéfinies contrarient l'inspiration première d'*Anima* et ne satisfont que les exigences ou que les manies d'*Animus*. « Que penser théoriquement de ce travail du style dont Flaubert et A. France sont les modèles éminents?... de ces ouvrages qui demeurent sur le métier, même après une première édition? Pareil travail, semble-t-il, interdit d'obtenir (ou menace de détraquer) cette *synthèse interne qui est tout le lyrisme*. (Synthèse de l'expérience poétique profonde et des réactions verbales par où le poète est pressé de nous communiquer cette expérience). En effet, comment être capable de retrouver à volonté des états de conscience dont on est séparé par une longue interruption (de se donner à soi-même ce qui d'abord était gratuit, imprévisible?) Si l'on ébauche des pages splendidement pessimistes par une nuit de fièvre et de mauvaises nouvelles, quand le vent cingle les vitres de pluies glacées ; si on corrige ces pages le surlendemain par un soleil cossu et bonhomme... ; et si l'on « remet sur le métier » le même ouvrage, quinze jours plus tard, au sortir d'un thé mondain ou l'on aura fait miroiter de son esprit le plus subtil — que deviendra la sincérité profonde du pessimisme initial? On aura incrusté à sa splendeur sombre toute sortes de gouttelettes charmantes, et de tonalités diverses, mosaïque aussi séduisante qu'éloignée de la vérité. Les gens d'esprit seront charmés, les lyriques... s'attristeront, le courant ne passera plus.

« Un tableau de Moreau, écrit M. Paul Fierens, cesse *de vivre* quand son auteur y met le point final. Mais quel frémissement dans certaines esquisses. Heureusement des œuvres importantes, comme l'*Apollon et les Muses,* auxquelles Moreau travailla de longues années, sont demeurées à l'*état d'ébauche* dans « leurs partiel grises », Ici l'inspiration (la vibration initiale) se manifeste encore, *déborde le contenu* (et se communique directement à nous)... *Jupiter et Semélé* » par contre, ce n'est plus qu'une icône barbare, dont l'écran ciselé... nous *interdit tout contact sensuel* avec la peinture (*sensuel* est pris ici au sens de Keats, *o for a lift of sensations!*)... Enfin, dans presque toutes les aquarelles, *vibre l'écho d'un « coup de foudre » que l'auteur a profondément ressenti* (et que son pinceau fait vibrer en nous). S'il est possible, comme le fit naguère André Lhote de discourir sur « l'utilisation plastique du coup de foudre », ce n'est pas dans l'œuvre de Gustave Moreau qu'on choisira le bon exemple d'une telle *transmutation*. Souvent, en un plomb vil, il change l'or d'une belle pensée de peintre. » *Journal des Débats*, 27 avril 1926. « Une pensée de peintre », soit dit en passant, n'est pas plus distincte, pas plus « pensée », qu'une « pensée de poète ». C'est chez le poète, comme chez le peintre, une certaine saisie immédiate du réel. Quand à l'heureuse formule de M. Lhote, on voit bien qu'elle correspond exactement à la formule de M. Coculesco : « Cette synthèse interne qui est tout le lyrisme. »

Miracle de la poésie si déconcertant que l'ancienne critique s'est obstinée à lui tourner le, dos, à l'escamoter. Tant *Animus* à de peine à réaliser les activités particulières d'*Anima*. Le poète, dit-on encore aujourd'hui, incapable de nous communiquer sa propre *vision* des choses, a recours à des images, à des symboles. A ce signe se reconnaît le poète. Eh! ne sommes-nous pas tous logés à la même enseigne? Quelque vision accompagne toujours le travail de notre esprit et les *visions* du poète, en quoi se distinguent-elles psychologiquement de celles des philosophes? Des images, des symboles, tout cela est encore didactisme. Vous pouvez traduire en prose le vers de Virgile :

Ibant obscuri sola sub nocte per umbram;

la vision sera la même, l'impression toute différente.

« Magie suggestive », dit Baudelaire. Oui, si l'on veut, mais suggestion de quoi? Le premier venu ne peut ouvrir la bouche qu'il ne suggère plus de choses qu'il n'en dit. C'est l'*Animus* du poète qui suggère à l'*Animus* du lecteur des idées, des images, des sentiments. Vous me confiez, par exemple, avec Chimène, que vous ne me haïssez point. D'où je comprends que vous m'aimez. Sous le sens de vos paroles, je découvre un autre sens. Rien de poétique dans cette découverte. Jolie charade, qu'*Animus* a tout ce qu'il faut pour deviner. *Animus*, maître souverain et dispensateur de toutes les figures de rhétorique.

Même analyse incomplète, même équivoque, si l'on se borne à comparer la poésie à la musique. Ce faisant, on songe presque toujours à une musique évocatrice de visions ou suggestive d'idées; bref à cette morne « harmonie imitative », qui a tant obsédé, j'allais dire empoisonné, l'ancienne critique *Quadrupedante...* Pour qui sont ces serpents... Enfantillages, ou procédés de suggestion intellectuelle, qui sont encore du domaine d'Animus.

Aborder le problème de l'esthétique n'est pas de ma compétence ; il me faudrait avoir pâli sur plusieurs disciplines dont j'ignore le rudiment. En dehors des pages si précieuses, mais trop courtes, que l'amitié de M. de Souza et de plusieurs autres savants m'a permis de réunir dans le recueil la *Poésie pure*, on peut lire, soit pour réaliser l'extrême difficulté du problème, soit pour entrevoir les magnifiques perspectives qu'en ouvre la discussion, le livre génial et prestigieux de M. Marcel Jousse, *Etudes de psychologie linguistique. Le style oral, rythmique et mnémotechnique chez les Verbo-moteurs. Archives de philosophie*, II, IV. On voit bien, du reste, que la curiosité de ces savants ne se porte point directement sur le même objet que la mienne. Pour moi, je me borne à mettre en relief, certains caractères, certains mécanismes psychologiques, certaines activités et *passivités* de l'âme profonde, par où l'expérience poétique peut se comparer, ressemble en effet à l'expérience mystique, d'ailleurs mieux connue. Eux, de leur côté, ils étudient les réactions verbales, rythmiques, etc., etc., que cette expérience entraîne automatiquement. Ce sont là deux aspects d'un seul et même problème.]

XVI

La catharsis

Dans son essai mémorable, *De la tragédie ancienne et moderne* — un des premiers chefs-d'œuvre de la critique française (1672) —, Saint-Evremont reproche au drame athénien d'avoir été une « pitoyable école de commisération, une école de frayeur et de compassion, ou l'on apprenait à s'épouvanter de tous les périls, et à se désoler de tous les malheurs ». Sur quoi, s'élevant à ces vastes idéologies qui tout ensemble enchantent et irritent les bons esprits, « on aura de la peine, continuait-il, à me persuader qu'une âme accoutumée à s'effrayer sur ce qui regarde les maux d'autrui, puisse être dans une bonne assiette, sur les maux qui la regardent elle-même ». Il n'oublie que l'Évangile — *misereor super turbam*[a] ; mais c'est là, comme nous l'avons assez rappelé, le péché mignon de l'esthétique classique ; cloison étanche entre la poésie et la foi. « C'est peut-être par là que les Athéniens devinrent si susceptibles des impressions de la peur, et que cet esprit d'épouvante, inspiré au théâtre avec tant d'art, ne devint que trop naturel dans les armées. » Bref, Sophocle, professeur de lâcheté et par suite responsable de la décadence athénienne : au lieu d'attendrir ses compatriotes sur les infortunes d'Œdipe, il aurait

---

a. J'ai pitié du peuple. (Marc.8.2)

dû ne leur exposer que « des exemples de valeur et de fermeté ». Mieux vaut l'inhumanité romaine et les combats de gladiateurs.

Aristote connut bien le préjudice que cela pourrait faire aux Athéniens ; mais il crut y apporter assez de remède, en établissant une certaine *purgation,* que personne jusqu'ici n'a entendue, et qu'il n'a pas bien comprise lui-même, à mon jugement. Car y a-t-il rien de si ridicule que de former une science qui donne sûrement la maladie, pour en établir une autre qui travaille incertainement à la guérison ? que de mettre la perturbation dans une âme pour tâcher après de la calmer, par les réflexions qu'on lui fait faire, sur le honteux état ou elle s'est trouvée ?

Entre mille personnes qui assisteront au théâtre, il y aura peut-être six philosophes qui seront capables d'un retour à la tranquillité par ces sages et utiles méditations ; mais la multitude ne fera point ces réflexions, et on peut presque assurer que, par l'habitude de ce qu'on voit au théâtre, on s'en formera une de ces malheureux mouvements.

A mon avis, ce n'est là qu'un long paralogisme, mais si intelligent que j'ai dû le citer de préférence à beaucoup d'autres où l'on déraisonne avec moins de raison. J'aurais pu tout aussi bien prendre les *Maximes* de Bossuet *sur la Comédie :* mais tout le monde les a présentes. Pour peu qu'on y songe, on verra qu'elles ne font pas autre chose que développer avec une éloquence incomparable ces deux lignes de Saint-Evremont. « Par l'habitude de ce qu'on voit au théâtre, on s'en formera une de ces malheureux mouvements », et de quelques autres également funestes, l'amour par exemple.

Tout cela, disons-nous, très intelligent, et qui plus est, d'une justesse parfaite, si l'on entend la *purgation,* la catharsis d'Aristote comme a fait Saint-Evremont et avec lui des commentateurs innombrables, et avec eux Racine lui-même. Seulement ils n'ont pas compris, en cela très excusables puisque le chapitre où le Stagirite promettait de définir sa catharsis — « Nous expliquerons cela plus clairement, dans notre traité sur la Poésie »[a], — ou bien n'a jamais été écrit, ou bien a été perdu : catastrophe à jamais lamentable, qui a eu pour résultat de fausser pendant de longs siècles l'orientation même de l'esthétique, et de faire passer Aristote pour un homme qui ne se comprend pas toujours lui-même. On vient d'entendre le blasphème de Saint-Evremont : le voici moins brutal sous d'autres plumes. « Je n'ai jamais entendu la purgation des passions par le moyen des passions mêmes, avoue Fontenelle ; ainsi je n'en dirai rien. Si quelqu'un est purgé par cette voie-là, à la bonne heure ; encore ne vois-je pas trop bien à quoi il peut être bon d'être guéri de la pitié. » Voltaire est absolument du même avis : « Pour la purgation des passions, je ne sais pas ce que c'est que cette médecine, je n'entends pas comment la crainte et la pitié purgent, selon Aristote. » Pour moi, je crois au contraire que ce jour-là comme tous les jours de sa vie, Aristote entendait parfaitement ce qu'il voulait dire, mais que, d'ailleurs, il ne réalisait qu'à moitié l'intuition magnifique, les pressentiments qui guidaient sa plume. Il n'a certainement pas accueilli dans son esprit, il aurait écarté avec autant de vivacité que Saint-Evremont, les absurdités qu'on lui prête ; mais pour s'expliquer à fond sa propre doctrine, il aurait dû, de toute nécessité, recourir à une psychologie dont il n'avait pas l'idée. La catharsis, en effet, n'est pas autre chose que ce que les mystiques appellent le passage de la méditation à la contemplation, que ce que nous avons appelé la substi-

---

a. *Politique.* V. cf. Butcher, *op. cit.*, p. 233.

tution des activités d'*Anima* aux activités d'*Animus* ; bref le passage de la connaissance rationnelle à la connaissance réelle et poétique. Si Aristote s'était pleinement compris lui-même, il n'aurait pas réservé à la seule tragédie l'action purifiante, simplifiante et enrichissante, de la catharsis : toute expérience poétique est catharsis. Tout ce qu'il y a de poésie dans un poème quelconque est également catharsis. Mais entrevoir, dès ce temps-là, des mystères qui, grâce à la littérature mystique, nous semblent aujourd'hui presque lumineux, c'était un coup de génie.

Ce disant, je n'apporte rien de si nouveau, je me borne à rapprocher deux objets qui s'appellent l'un l'autre, qui ne demandent qu'à se rejoindre : notre esthétique moderne et la fameuse ligne d'Aristote. Ceci veut cela, ceci n'est cohérent, n'est raisonnable qu'éclairé à la lumière de cela. Comment ne l'a-t-on pas remarqué plus tôt ? C'est que bon gré, mal gré, et en dépit d'Aristote lui-même, l'obsession du didactisme nous tient, nous aveugle. Même quand on le nie des lèvres, on croit encore que le poète n'est qu'un professeur qui parle en vers. Surtout un professeur de morale. Pour le plus grand nombre, la catharsis n'est qu'une leçon de morale, leçon plus ou moins déguisée d'ailleurs, insinuée, suggérée et non formulée, mais enfin leçon ; quelque enseignement qui s'adresse à nos facultés de surface, à l'intelligence d'abord, et par elle à la volonté.

Ce que je puis assurer, écrit Racine, avec une candeur qui nous stupéfait, c'est que je n'en ai point fait (de tragédie) où la vertu soit plus *mise en jour* que dans celle-ci (*Phèdre*) ; les moindres fautes y sont sévèrement punies : la seule *pensée* du crime y est regardée avec autant d'horreur que le crime même ; les faiblesses de l'amour y *passent* pour de vraies faiblesses. Les passions n'y sont présentées aux yeux que pour *montrer* tout le désordre dont elles sont cause ; et le vice y est peint partout avec des couleurs qui en font *connaître* et *haïr* la difformité. C'est là proprement le but que tout homme qui travaille pour le public doit se proposer ; et c'est ce que les premiers poètes tragiques avaient en vue sur toute chose. *Leur théâtre était une école où la vertu n'était pas moins enseignée que dans les écoles des philosophes.*

Pour renverser ce château de cartes, pas n'est besoin de l'éloquence de Bossuet ; la chiquenaude de Saint-Evremont suffit. C'est d'ailleurs une question et fort délicate de savoir si la catharsis d'Aristote, la nôtre, joue dans la *Phèdre* de Racine : pour moi, je suis persuadé que oui. Mais qu'elle y joue en déclenchant un ressort didactique, mais que *Phèdre* soit un cours de morale en action, certainement non. Sur ce point, du moins, la démonstration de Bossuet est irréfutable. Prenez, pour plus de clarté, deux romans contemporains : les *Woodlanders* et *Jude the obscure* de Thomas Hardy. Comme leçon de morale, je vous défie bien de trouver une différence quelconque entre l'un et l'autre : le premier néanmoins est poétiquement, et par suite, moralement ensemble et détail, une œuvre parfaite. Bossuet lui-même eût hésité à la condamner, et pour ma part, je sais peu de livres aussi bienfaisants ; le second, malgré d'incontestables beautés de détail, est dans l'ensemble une œuvre moralement malfaisante et poétiquement manquée. Dans le premier, la catharsis a joué : du second — de l'ensemble, je le répète, — elle est absente. Ceci soit dit en passant pour rappeler que nos prétendues subtilités métaphysiques intéressent au plus haut point la simple critique littéraire.

Voltaire fait avec son allégresse coutumière le même contre-sens que Racine.

Son idée que la tragédie est instituée pour purger les passions a été fort embellie ; mais s'il entend, comme je le crois, qu'on peut dompter un amour incestueux en voyant le malheur de Phèdre, il n'y a plus aucune difficulté [a].

Non, pas d'autre difficulté que d'être obligé de reconnaître qu'Aristote n'entend rien au caractère distinctif, à la nature même de la poésie. Il est certain, par bonheur, que cette action didactique directement moralisatrice, Aristote n'a jamais songé à la confier à sa catharsis. Ecoutez M. Butcher :

> Les jugements critiques d'Aristote sur la poésie s'appuient sur des fondements esthétiques et logiques. De fins, de tendances morales, il ne se préoccupe d'aucune façon. Il mentionne Euripide quelque vingt fois dans la *Poétique,* et presque toujours pour le censurer. Il lui reproche des fautes nombreuses, mais contre l'art... Pas un mot de cette influence démoralisante dont il est parlé chez Aristophane. Soit qu'il loue, soit qu'il blâme, il ne s'arrête pas au contenu moral (didactique) d'un poème. Ce qu'il admire chez Sophocle, ce n'est pas la pureté des leçons morales, la profondeur des intuitions religieuses, c'est la construction parfaite de ses drames.

Non qu'il fasse fi de la morale. Il serait même sur ce point presque aussi sévère que Bossuet, et beaucoup plus qu'on ne l'est communément aujourd'hui. Mais autre chose est de reconnaître qu'une œuvre contraire à la morale ne saurait être vraiment poétique, autre chose de confier au poète une mission moralisante. Aristote sent confusément que la catharsis nous rend meilleurs, mais ce n'est pas là, pour lui, la fin immédiate de cette « purgation » mystérieuse. Nous purger de nos vices, nous façonner à la vertu, c'est l'affaire du philosophe ou du moraliste. Pas n'était besoin de

---

[a]. Eloi Johanneau, *La Rhétorique de Voltaire,* p. 211.

lancer une métaphore nouvelle pour désigner le mécanisme psychologique que met en branle tout exercice des fonctions professorales : appel à la volonté et aux sentiments par l'intermédiaire de belles sentences. Aristote s'occupe ici très certainement d'une activité *sui generis,* que la science n'avait pas cataloguée encore, d'une activité proprement esthétique; il analyse l'expérience poétique de qui assiste à une tragédie, et l'effet purgatif qu'il attribue à la catharsis ne se distingue pas du plaisir poétique lui-même. C'est un plaisir comme les autres, mais qui a ceci de particulier, qu'il nous « purge ». Aristote a emprunté ce mot au lexique de la médecine. Or, on peut bien dire sans doute que le moraliste ressemble au médecin. Il nous guérit lui aussi, mais à sa manière qui n'a rien de proprement thérapeutique. Il exige de notre part une collaboration et très active. Une leçon de morale, si entraînante qu'on la suppose, ne nous moralise pas d'elle-même par son action propre; elle n'amène pas le résultat soudain, inévitable, plus ou moins foudroyant d'un parfait remède. La catharsis, au contraire, nous purge mécaniquement — j'allais dire drastiquement, — quelles que soient, du reste, les humeurs peccantes (pitié, crainte...) dont elle nous débarrasse. Aucun effort personnel n'est commandé par elle; nous n'avons qu'à nous approprier le bienfait qu'elle nous apporte, comme le malade se prête à une piqûre ou avale une drogue. Qui est capable de lire poétiquement un livre, s'il lit Eschyle ou Sophocle, il n'échappera pas à la catharsis; avant d'avoir médité sur ces beaux vers, d'en avoir déduit une leçon quelconque, il est tout « purgé ». Eloge pathétique de la vertu, tableaux impressionnants du vice et des misères qui le suivent, conseils, recettes, que de circuits dans le ministère du moraliste;

le médecin n'y va pas par tant de chemins : un coup de bistouri, une pilule nous voilà guéris.

Les autres explications que l'on a tentées jusqu'ici de la catharsis — celles du moins que je connais — évitent pour la plupart le contresens que nous venons d'exorciser : la catharsis, leçon explicite ou implicite de morale, mais, à cela près, elles nous laissent dans le vague et dans l'équivoque.

[On trouvera là-dessus nombre de détails dans l'*Histoire de la critique chez le Grecs*, d'Egger, et dans l'édition que ce même Egger a donné, de la *Poétique*. Cf. aussi, dans le livre déjà cité de M. Folkierski de curieuses pages. Le système de Harris est tout à fait amusant. « Comment comprend-il, écrit M. Folkierski, ces deux passions de terreur et de pitié ? Il les prend visiblement en mauvaise, part (eh ! oui, comme ils le font presque tous, comme le texte même d'Aristote semble exiger qu'on le fasse), puisqu'il cherche le meilleur moyen de s'en défaire. Il considère ceux qui en sont privés ou qui ont pu affaiblir leur force, comme heureusement doués : quels sont ces élus ? « Il n'y a personne (répond-il)... qui soit aussi dénué de ces deux passions que ceux qui sont continuellement occupés là où les occasions de les éprouver sont les plus fréquentes, comme le sont par exemple, les militaires, les médecins, les chirurgiens... Leur esprit devient... comme endurci... Or, ce qui est arrivé à ces hommes grâce aux désastres réels de la vie, peut être supposé arrivé à d'autres, grâce aux fictions de la tragédie. » Au reste... il ne faut pas croire qu'une audition par ci par là d'une tragédie, suffise aux yeux (de Harris) pour extirper de l'âme (ces deux passions)... Un effet de ce genre ne peut raisonnablement être espéré que parmi les nations qui, comme les Athéniens de l'antiquité, vivaient dans une perpétuelle assiduité aux représentations théâtrales... » Folkierski, *op. cit.*, pp. 279,280. S'il en est ainsi, au lieu d'une tragédie, mieux vaudraient des combats de gladiateur. Notez, du reste, qu'Harris n'est absurde qu'à force de candeur et de logique. Si, comme le veulent la plupart des commentateurs, la catharsis nous purge de passions nocives, et si d'autre part, la pitié est une de ces passions, Harris a raison. Au reste, je ne connais pas, et je le regrette, les travaux plus récents de M. Margoliouth sur la Poésie. Je m'en tiens au commentaire de Butcher qui me paraît tout à fait remarquable. Butcher « brûle » tout le temps : je veux dire qu'à chaque ligne il paraît sur le point de se tourner enfin vers notre interprétation mystique. Il eut fallu si peu de chose pour le convertir!]

Comment, d'ailleurs, s'en étonner? Aussi longtemps, que, pour donner un sens acceptable à la doctrine d'Aristote, on n'accepte pas de recourir avec nous à la psychologie des mystiques, on se heurte à une difficulté insoluble, celle-là même que Fontenelle dénonçait avec sa pénétration ordinaire : « A quoi peut-il être bon d'être guéri de la pitié? » En d'autres termes plus généraux : ces humeurs peccantes dont nous purge la catharsis, ces passions diverses, la crainte comme la pitié, l'amour comme la crainte, en quoi sont-elles nocives? Quel mal peut-il y avoir à s'attendrir sur les infortunes d'autrui, à redouter les coups de la justice divine, à suivre avec complaisance les transports d'un amour honnête? Mais quoi, dira-t-on, n'y a-t-il pas aussi une pitié efféminée, une crainte déprimante, un amour déshonnête? Sans doute, mais ces distinctions ne relèvent que de la science des mœurs. L'activité poétique, par le seul fait qu'elle s'exerce, s'attaque aux passions, quelles qu'elles soient, à la passion en tant que passion. Il s'agit ici, nous l'avons dit, d'un remède aveugle, et en quelque manière, mécanique : d'une purgation, d'une saignée, d'un vésicatoire. La catharsis nous purge de toute pitié, de toute crainte, de tout amour. En vérité, l'absurde remède, et souvent pire que le mal! Fontenelle avait bien raison.

Que si, par impossible, on sortait de cette impasse, on retomberait immédiatement sous la griffe de Bossuet.

Supposons donc que la catharsis encourage, ou du moins laisse tranquilles les passions honnêtes et qu'elle ne tende à émousser, à paralyser que les malfaisantes. Comment s'y prend-elle, d'après son père Aristote, pour atteindre ce résultat ? Eh ! répondent les commentateurs modernes, par la méthode pasteurienne ; en nous inoculant, à doses infinitésimales, la passion même dont elle veut nous guérir. Hermione, par exemple, nous ne disons plus aujourd'hui que le spectacle de ses fureurs nous invite à réfléchir sur les dangers d'une passion trop vive. Cela, c'est du didactisme ; et le poète, en tant que poète, n'enseigne pas. Mais nous disons qu'un tel spectacle, en nous communiquant le microbe des amours fatales, nous *immunise* insensiblement contre ce fléau. Phèdre nous vaccine pareillement contre l'inceste. Chaque représentation allume en nous une minuscule fièvre incestueuse, en suite de quoi, si la tentation nous venait de faire la cour à notre belle-mère, nous résisterions sans effort. Doctrine si peu raisonnable qu'on hésite à croire qu'elle ait été sérieusement réalisée par ceux qui l'enseignent. C'est faire à Bossuet la partie trop belle. Même à l'état microbien, l'inceste est un mal. Si la catharsis agit immédiatement sur notre vie passionnelle, il faudra dire avec Rostand :

Et quand Phèdre paraît nous sommes tous incestes.

Mais si, au contraire, on admet avec nous que la catharsis agit d'abord sur le moi profond, au delà de la zone de surface où les passions exercent leur pouvoir tour à tour bienfaisant ou funeste, toutes les difficultés s'évanouissent. Le mal dont nous purge la catharsis n'est plus d'ordre moral, mais simplement psychologique. La passion est humeur peccante, seulement par ce qu'elle tend, par sa nature même, à gêner l'activité de l'âme profonde, centre et foyer de toute activité poétique. Du point de vue esthétique, ce qu'il y a de morbide dans la passion, ce n'est pas tel ou tel dérèglement particulier, c'est la passion elle-même; infirmité métaphysique pour ainsi dire, et à laquelle l'obéissance la plus stricte du poète aux lois de la morale ne changerait rien. Vincent de Paul, cédant aux mouvements de la pitié, se met, par le fait même, dans l'impossibilité de s'ouvrir en même temps aux expériences toutes différentes de l'état poétique. Imaginez, au contraire, qu'à l'heure où cette pitié vivement excitée le ferait courir à ses œuvres charitables, une inspiration poétique le prenne, et qu'il cède; la catharsis le « purgera », nécessairement, automatiquement de cette pitié, elle la suspendra pour un temps, le temps que durera cette expérience poétique. Du point de vue moral, cette purgation, cette suspension d'une passion toute sainte, est-elle un bien, est-elle un mal? Ni l'un ni l'autre : elle est une nécessité psychologique. On peut fort bien se refuser à l'inspiration poétique, on le doit parfois.

> Honte à qui peut chanter pendant que Rome brûle;

Mais si on l'accepte, il faut bien accepter aussi la catharsis et ses effets naturels. On ne peut pas être au four et au moulin tout ensemble, si j'ose ainsi m'exprimer. Qu'*Anima* se dilate, s'épanouisse, *Animus* languit aussitôt. « Le poète, a dit Amiel, assiste à la souffrance qui le traverse, mais il l'enveloppe comme le ciel tranquille entoure un orage. La poésie est une délivrance, parce qu'elle est une liberté. »

Liberté du *Moi* profond, délivré du *Je* :

> *Loin d'être une émotion*, elle est le miroir d'une émotion; elle est en dehors et au-dessus, tranquille et sereine. Pour chanter

une peine, il faut être déjà, sinon guéri de cette peine, au moins convalescent. Le chant est un symptôme d'équilibre ; il est une victoire sur le trouble, il est le retour de la force. Le poète est pour sa propre vie, en petit, ce que Dieu est pour le monde. Il y entre par sensibilité, mais il la domine par essence. Sa nature est contemplative et l'activité (rationnelle ou passionnelle) n'est que son mode inférieur.«

[*Amiel*, II, pp. 207 206, Cf. là-dessus une observation intéressante mais confuse de Michelet : « Peut-être l'*agitation* générale que donne un roman trop *passionné* rend-elle peu capable d'une autre émotion.]

Baudelaire pense également que l'*enthousiasme*, — cette *excitation*, (poétique) de l'âme profonde — est « tout à fait indépendant de la passion, qui est l'ivresse du cœur ; de la vérité, qui est la pâture de la raison. Car la passion est... trop naturelle (trop engagée dans les misères d'*Animus*) pour ne pas introduire un ton blessant, discordant dans le domaine de la beauté pure ; trop familière et trop violente pour ne pas scandaliser les purs désirs, les mélancolies et les nobles désespoirs, qui habitent les régions surnaturelles de la poésie.

[« J'ai déjà remarqué que je ne pouvais lire ces livres de fictions sans me sentir *assez sec* pour les réalités. L'amitié, l'humanité, je les sens moins en moi ; je vis tout entier dans mon drame. Ces lectures me sont donc mauvaises ». Oui, probablement, mais parce que ce sont là des livres où la catharsis ne joue pas, (*Mon journal* p. 102). « Trop passionné ». La suspension d'ailleurs provisoire, et compensée bientôt par un développement intense et apaisé des émotions honnêtes que produit la catharsis n'est pas sécheresse, n'est pas entraînement à l'égoïsme. Voir aussi, dans la thèse de Cassagne sur la *Théorie de l'Art pour l'art* de curieux textes des Goncourt : « Les émotions sont contraires à la gestation des livres », p. 292. « Il faut souffrir pour connaître la souffrance, mais il faut que la souffrance soit passée et même qu'elle soit loin, il faut que le trouble qu'elle répand dans l'organisation physique et morale soit calmé pour que l'intelligence obscurcie se ressaisisse... »

« Il ne faut pas confondre, disait-il encore, sensibilité de l'imagination avec celle du cœur. Cette sensibilité de l'imagination, c'est le jeu de la catharsis qui la met en branle, et qui par le fait même, nous « purge »nous délivre des excitations — moralement bonnes ou mauvaises! peu importe — que provoque la sensibilité du cœur. Ainsi, à mon avis, du moins, dans les pièces de Racine : la magie du poète nous transporte, nous fixe, pour quelques trop courts instants, dans, une région de notre âme qui est imperméable soit aux fureurs de l'amour, soit aux séductions de l'inceste, soit aux affolements de la peur. Avec cela, on sait bien qu'Aristote n'en dit pas si long dans ses deux lignes sur la catharsis — une dans la *Politique*, l'autre dans la *Poétique;* mais ces deux lignes, si elles signifient quelque chose ne peuvent, pour ainsi parler, qu'être grosses du sens que nous leur prêtons.

Il est vrai qu'une sorte de fatalité pèse sur l'interprétation de ces textes énigmatiques. La clef de l'énigme était à la portée de toutes les mains ; la pleine lumière, de tous les yeux — non sous le boisseau, mais dans un phare, je veux dire, dans les écrits de Plotin. Triste rançon du mépris que l'on a professé, pendant si longtemps, pour les choses de la mystique : on a étudié au microscope toutes les pages grecques — Hippocrate, par exemple — où la catharsis se trouve expressément nommée, toutes, sauf les *Ennéades*.

[Je rappelle que mon érudition est des plus sommaires. Je veux donc dire simplement, qu'autant que ma mémoire est fidèle, la catharsis plotinienne n'est pas mentionnée par ceux des commentateurs que j'ai pu consulter sur la catharsis aristotelicienne. Il me paraît d'ailleurs invraisemblable que personne jusqu'ici n'ait songé à un rapprochement si facile, si *obvie*. Peut-être aussi n'a-t-on fait ce rapprochement que pour l'écarter aussitôt, comme une piste vaine ; je veux dire que pour en conclure que, par le même nom Aristote et Plotin désignaient des choses essentiellement différentes. C'est ainsi que Butcher voit une différence, qui d'ailleurs m'échappe tout à fait, entre la catharsis tragique et une catharsis musicale, voire religieuse. Cf. pp. 229-231.]

Eh! quoi! cette expression mystérieuse, qui appartient en propre à la médecine — ancienne et moderne ; *postea purgare ;* — n'est-il pas extrêmement remarquable que deux génies tels qu'Aristote et Plotin l'aient fait passer — métaphore qui leur semblait lumineuse — le premier dans la langue de l'esthétique, le second de la mystique ? Simple rencontre, peut-être ; ressemblance purement verbale entre la catharsis de Plotin et celle d'Aristote, mais peut-être aussi pour nous trait de lumière, signe de quelque liaison plus profonde entre l'une et l'autre. C'est ce que nous aurons bientôt vu. Ouvrons donc Plotin, ou plutôt comme il est difficile, demandons à un philosophe de métier une définition de la catharsis plotinienne : Dans la doctrine de Plotin, écrit M. Souilhé, « le moyen pour l'âme d'atteindre l'objet suprême de son désir sera de rentrer en elle-même et de retrouver par le recueillement le dieu intérieur dont elle porte la trace ». Celui qui aura appris à se connaître connaîtra en même temps d'où il vient. « Il remontera à sa source, à son centre, à sa fin, et, dans ce sanctuaire intime, il coïncidera avec son Bien. Mais tout être qui n'est pas l'UN est éparpillé dans l'espace et dans le temps. Il faut qu'il se concentre et s'unifie pour posséder le Dieu très simple. Il doit supprimer l'obstacle, s'affranchir de la multiplicité et de la dispersion.

De là suit la nécessité de la purification. La doctrine de la κάθαρσις est fort importante dans l'histoire ascétique et mystique du christianisme. Les théoriciens ont utilisé sans doute les riches analyses fournies par les néo-platoniciens. Mais ceux-ci, à leur tour, n'en sont pas les inventeurs. Les méthodes de purification étaient en usage dans les mystères d'Eleusis ou les cercles de l'Orphisme : elles consistaient en coutumes assez grossières qui avaient pour but de sauver l'âme du cercle indéfini des naissances. Très probablement les Pythagoriciens ont transposé un concept, religieux par son origine, et l'ont introduit dans la spéculation philosophique. »

Ce même concept, Aristote l'a introduit dans la spéculation esthétique, mais en le dépouillant de toute connotation religieuse. Nous, à notre tour, de l'esthétique nous le ramenons à ses origines mystiques. Pour les Pythagoriciens, continue M. Souilhé, l'âme prisonnière du corps « cherchera à se libérer, non par le suicide mais par tout ce qui pourra lui faire oublier son importun geôlier : par l'art, la musique en particulier, par la science... ; telles seront les « purifications ». Platon pensait de même, le Phédon en fait foi... On trouvera dans le *Sophiste* un passage fort curieux, où le philosophe se servant... de comparaisons médicales, montre la nécessité pour l'âme d'une κάθαρσις opération qui consiste dans la réfutation, dans l'expulsion de ces fantômes dont parle *Théétète*..., en un mot dans la dialectique qui élève l'intelligence au-dessus du sensible, et la met directement en face de la vérité. Il faut rendre limpide l'œil de l'âme. »

L'œil d'*Animus*, ou l'œil d'*Anima* ? On nous laisse dans le vague à ce sujet. Nous savons d'ailleurs que Platon a peur d'*Anima*, trouve humiliante pour l'homme toute activité qui ne relève pas directement d' *Animus*. La bonne doctrine est encore au berceau, bégayante, incohérente même, tant que le mysticisme chrétien ne l'aura pas définitivement fixée. « La pratique des vertus..., l'étude des sciences..., ne sont pas un but, mais un moyen pour assainir et purifier ce regard intérieur. L'œil de l'âme : Plotin ressuscitant cette métaphore reprend les analyses platoniciennes, les *combine* avec les applications très particulières qu'a faites Aristote de la κάθαρσις, à propos de la vertu purificatrice de la musique et de la tragédie... Nous reprenons à notre tour ce travail de synthèse au point où Plotin l'avait laissé, et nous l'achevons, grâce aux lumières nouvelles que nous apporte la littérature mystique. Bref, la κάθαρσις plotinienne, « consistera tout d'abord à n'agir plus selon l'homme sensible, puis, par une purification plus avancée, à n'agir plus selon l'âme, c'est-à-dire selon la faculté de raisonner (*Animus*), à ne plus vivre que de ce qui « dans l'âme n'est pas l'âme » (*Anima*)[a], ou de ce qui directement est capable d'un contact avec l'UN, de s'abîmer, de se perdre en lui, jusqu'à l'identification[b]. S'unir à Dieu, tel est précisément le terme et la récompense de la κάθαρσις. La contemplation unifiante a lieu quand l'âme a fermé ses portes à tout ce qui la tire hors d'elle-même, quand elle a fait le silence dans ses sens, dans ses facultés, dans son intelligence elle-même, dans l'intelligence qui raisonne..., quand elle pense en un mot par le νοῦς καθαρός, par (la) fine pointe de l'esprit... A cet esprit très pur vers lequel nous nous élevons, et cela par notre effort individuel[c],

---

a. Vie impossible, avons-nous répété plusieurs fois. Plus sûrs philosophes que Plotin, les mystiques ne veulent pas la purgation totale d'*Animus*, ils ne brouillent pas *Animus* et *Anima*.

b. Identification que nul mystique orthodoxe ne rêva jamais.

c. Non. Comme la grâce mystique, la grâce poétique est un don, et que nul effort ne remplace.

en nous dégageant de l'*effusio ad exteriora*, il est donné de toucher Dieu. Dieu se donne [a]. »

Nous l'avons insinué déjà, nous allons le dire plus expressément. Dieu ne se donne pas immédiatement au poète. D'où une différence capitale entre expérience poétique et expérience mystique. Mais quelle que soit la réalité à laquelle s'unit notre âme profonde, c'est toujours par la catharsis que cette union est produite ; ou plutôt cette union, c'est la catharsis elle-même, soit mystique, soit poétique, inspiration simplifiante, libération d'*Anima* et refoulement provisoire d'*Animus* « Un poème, disait Baudelaire, ne mérite son titre qu'autant qu'il excite, qu'il enlève l'âme, et la valeur positive (et poétique) d'un poème est en raison de cette excitation, de cet enlèvement de l'âme. »

Peu importe, du reste, la métaphore elle-même. Mais c'est manifestement cette explication plotinienne de la catharsis que nous impose l'expérience des poètes.

[Cette explication de la catharsis est, en quelque sorte dans l'air, depuis fort longtemps. Je ne fais que la capter. Cf. tout ce que dit Schopenhauer sur l'incantation musicale. Cf. aussi l'exquise et profonde brochure de Maurice Blondel *La psychologie dramatique du mystère de la Passion à Oberammergau*, Paris 1910. Vous y verrez comment l'art dramatique — et ceci est également vrai de tous les arts — nous éternise, en quelque manière, nous décentre, nous purifie des illusions temporelles et spatiales, ainsi que de l'égoïsme, des inquiétudes du *Je*, nous conférant une sorte d'universalité et de pérennité.]

Les nombreux textes que j'ai déjà cités ne peuvent signifier autre chose. En voici deux encore que je n'ai pas le courage de garder pour moi.

---

a. *Revue d'Ascétique et de Mystique*, avril 1922, pp. 168-190.

La nature et surtout la forêt ont toujours eu le don de m'apaiser et de m'élever l'âme. Dans l'admiration joyeuse pour toute la beauté qui m'entraînait et que je cherchais à rendre par des formes et des couleurs,

c'est un peintre qui parle, Dom Willibrod Verkade, dans le livre délicieux où il raconte sa conversion :

Je me sentais redevenir un autre homme. La tempête des sensations se calmait... et la pureté de ce qui m'entourait faisait bientôt *sortir de sa cachette* la bête timide de mon « moi » meilleur : le cerf hardi du noble orgueil, la licorne de l'innocence, le chevreuil timide de la pudeur, la colombe des sentiments profonds, la tourterelle des pensées pures... Souvent aussi, je voyais en rêve une jeune fille très pure que j'avais entrevue quelque part. Cette vision *purifiait* également mon âme [a].

Catharsis, le mot y est ; on ne peut pas l'éviter. Et Tommy Fallot :

Tout ce que je voyais, tout ce que j'entendais m'enveloppait, envahissait peu à peu les retraites les plus secrètes de mon être. *J'étais délivré* des incohérences de la vie quotidienne, les dissonances se fondaient en une harmonie supérieure, un grand calme se faisait, et mon âme, se dégageant des vulgarités d'ici-bas, prenait son vol vers les régions sereines de la paix profonde et de la lumière triomphante [b].

Ai-je besoin d'ajouter que l'esthétique proustienne se ramène à ce point unique. Toutes les pages sur la *Sonate de Vinteuil* ne sont qu'une longue et parfaite description de la catharsis.

---

[a]. *Le Tourment de Dieu*, par Dom Willibrod Verkade O. S. B. *Etapes d'un moine peintre...*, préface par Maurice Denis. Livre très bienfaisant, une catharsis en 300 pages.

[b]. Cité pat M. Robert Will, dans son intéressante brochure. *Le Culte mystique*, Strasbourg, 1924, p. 6.

XVII

LA CATHARSIS ET LA MAGIE DES VERS

Ne craignons pas de nous répéter : des expériences plus ou moins semblables sont familières à bien des gens qu'on ne saurait appeler poètes qu'au sens large de ce mot.

[La catharsis que déclenche, pour ainsi parler, le spectacle de la nature est fort connue, bien qu'on ne songe pat à l'appeler de ce nom. On remarque peut-être moins, et c'est bien fâcheux, la catharsis qui récompense parfois ou les actes mêmes ou l'habitude de la vertu : le sentiment — oh! non, pas pharisaïque : *Anima* voudrait jouer à la pharisienne qu'elle ne le pourrait pas ; — du devoir rempli, certaines joies de la conscience : catharsis qu'on peut appeler morale, mais qui néanmoins, prise en elle-même ne relève pas plus de l'ordre moral que n'importe quelle autre « purgation » ou simplification. Aucune ascèse ne la procure directement ; elle ne dépend pas de nos efforts.]

La catharsis qui distingue le poète des autres hommes, la catharsis qui est la poésie même, a ceci de particulier, d'abord qu'elle veut se communiquer, ensuite qu'elle se communique, en effet, par l'intermédiaire quasi magique des mots. L'inspiration, plus ou moins commune à tous, ne devient proprement poétique que lorsqu'elle dicte en quelque manière à l'inspiré, certaines expressions, faute desquelles cet inspiré pourrait bien sans doute nous apprendre, en prose, qu'il est inspiré, mais ne se trouverait pas à même de faire passer en nous son inspiration. C'est là, je l'ai assez dit, le vrai miracle de la poésie, mais c'est là aussi un fait que ceux-là seuls révoqueront en doute à qui le plaisir poétique est inaccessible. S'il y a catharsis, le courant passe, infailliblement transmis par les mots à l'*Anima* qui est disposée à l'accueillir ; si le courant ne passe pas, il n'y a pas eu de vraie catharsis poétique. Ce qu'il y a d'intraduisible dans un poème, c'est la catharsis. Pas n'est besoin, du reste, qu'elle ait dicté, un à un, tous les vers de ce poème : il suffit que, d'ici de là, cette magie verbale renouvelle ses prestiges. Quand Thésée demande si poliment :

> Et ce feu dans Trésène a donc recommencé ?...

pas la moindre catharsis ! Il en va de même dans presque tous les vers-transitions de l'Enéide, tous les *Tunc pater Æneas*. C'est l'inconvénient des longs poèmes, c'est aussi la preuve que tout n'est pas poésie dans un poème. Une incantation parfaite, comme le *Di quibus imperium est*, du sixième chant, ou comme : Ariane ma sœur..., prolonge son effet catharcisisant, si j'ose dire, à travers les longueurs, souvent prosaïques, d'un récit ou d'une scène.

Avec cela, lorsque la catharsis a ouvert les portes de l'âme profonde, *Animus* a toujours quelque peine à les refermer. Dans les Géorgiques, il n'en a presque jamais le temps. Défiez-vous invinciblement des critiques — et ils sont nombreux — qui enseignent que la vraie poésie de ce poème, il faut la chercher dans les Episodes.

> Et cjuidam seros hiberni ad luminis ignes
> Pervigilat, ferroque faces inspicat acuto.
> Interea, longum cantu solata laborem,

> Arguto conjux percurrit pectine telas...

C'est par là que Dante et Shakespeare restent sans rivaux. Chez Keats, même non-interruption du courant, ou de peu s'en faut. Dans l'*Ode à un rossignol,* la catharsis non seulement agit avec une intensité merveilleuse, mais encore elle prend en passant conscience d'elle-même ; elle se définit, et le mieux du monde. Après la divine évocation de Ruth,

> The voice I hear this passing night was heard
> In ancient days by emperor and clown...
> Perhaps the self-same song that found a path
> Through the sad heart of Ruth, when, sick for home,
> She stood in tears amid the alien corn.

Cela est si parfait qu'on suit, presque à vue d'œil, la marche triomphante du courant : *when sick for home, she stood.* Après donc cette évocation, il finit la strophe sur le mot *forlorn;* de ce mot, l'incantation rebondit, si j'ose dire :

> Forlorn ! the very word is like a bell
> To call me back from thee to my sole self !
> Adieu.

Forlorn, intraduisible naturellement, puisqu'il est trois ou quatre fois chargé du courant magique — « *Forlorn !* à lui tout seul, ce mot est comme une cloche dont la musique m'oblige à te quitter pour rentrer dans mon *moi,* profond. »

Avec cela, rien de plus capricieux, de moins prévisible, que les exigences verbales de la catharsis : elle aime « un heureux choix de mots harmonieux », mais il lui arrive — et plus souvent qu'on ne le croit — de se choisir une musique assez rude : la flûte, le gong, parfois la crécelle : telle allitération l'enchante et telle autre l'arrête court ; elle adore et exècre tour à tour l'archaïsme, les diminutifs, les monosyllabes. Caprice n'est pas le mot juste ; chacun de ses choix répond à quelque nécessité que les savants n'auraient pas devinée, mais dont ils peuvent jusqu'à un certain point se rendre compte. La catharsis a ses lois comme toutes les forces de l'âme, mais non pas ses règles, et la moins inconnue de ses lois est l'instinct qui l'oblige à répéter les mêmes sons.

[Je dis « crécelle », pour rappeler ce que l'on semble oublier parfois, à savoir que l'incantation poétique n'implique pas nécessairement une entière conformité aux lois pharisaïques de l'harmonie et de l'élégance. Beaucoup moins « harmonieux » qu'Anatole France, Stendhal et Balzac sont de plus grands magiciens. Je connais peu de poèmes plus achevé que les derniers paragraphes de Th. Hardy dans les *Woodlanders* : *Now my own, own love, she whispered... But no, no, my love, I never can forget' ee ; for you was a good man, and did good things* ». Cela vaut les derrières lignes du *Phédon*. Or, sans le solécisme rustique *was* la magie de cet unique passage serait moins intense. — Relisez, à ce propos, la lettre de Doudan à Scherer : « Si je meurs, et si je meurs riche, je fonderai un prix sur la question *dernière des langues*, que vous traitez si brièvement et si bien. Le rapport des sons aux choses et aux idées... On trouverait les acheminements (vers la solution) dans les effets de la musique, (IV, 276). On voit le sophisme qui paralyse et fausse à moitié cette intuition. Etudier « le rapport des sons aux idées, » ne donnerait pas grand'chose, nous ramènerait au stérile onomatopéisme des anciens rhéteurs. Le mystère de la poésie est dans le rapport des sons à l'expérience par où l'âme profonde du poète prend contact avec le réel avec les « choses » : le rapport des sons à la catharsis. Cf., dans le même sens, Albert Sorel sur « l'extrême sensibilité (de Guillaume Guizot) aux harmonies mystérieuses de la pensée et des mots. » (*Etudes de littérature et d'histoire*, p. 3.)

Chose curieuse : une loi plus ou moins semblable paraît présider à certaines manifestations de la vie mystique.

Voyez, écrit le P. Maréchal, cette bonne vieille égrenant son chapelet, un soir d'hiver, au coin de l'âtre. Pendant la journée, son attention éparpillée (*Animus*) s'était rapetissée à la mesure d'un modeste horizon villageois. Mais voici que la pauvresse... tire son chapelet et... se met à murmurer, l'un après l'autre, d'un rythme lent, les *Ave Maria*. *La monotonie discrète de ces répétitions* investit physiquement la pauvre vieille de paix et de *recueillement*[a]. Et son âme, déjà orientée en haut, *presque mécaniquement* par le chapelet, s'ouvre maintenant dans une sérénité croissante, à des perspectives illimitées, plutôt senties qu'analysées, et dont la convergence est en Dieu. La distraction surviendra peut-être ici ou là[b] : Mais grâce au *rythme continué de la récitation monotone, la polarisation* affective[c] qu'il maintient ou restaure, ramènera constamment et doucement l'attention[d] dans la direction de Dieu. Qu'importe après cela que l'humble orante ne s'attache point à revivre le sens précis de la formule qu'elle redit... ; souvent, elle fait mieux, elle laisse son âme s'élever librement dans une véritable contemplation, fruste et obscure, peu compliquée, peu systématisée, alternant avec des retours d'attention sur les paroles prononcées, mais édifiant en somme sur le fond mécanisé de celles-ci une prière supérieure, épurée et personnelle.

[Maréchal, *op. cit.*, p. 194-195. Par où l'on voit que je ne trahissais ni l'Église ni le bon sens quand je disais dans le discours sur la Poésie pure : « Une paysanne bien née s'épanouit sans effort à la poésie des psaumes latins, même non chantés.]

La rime, les allitérations, la répétition des mêmes mots, les refrains produisent chez le lecteur un apaisement, une purification analogues. Rappelons, du reste, que, dans chaque expérience poétique il y a pour ainsi dire deux catharsis, deux délivrances, deux « purgations ». C'est d'abord

---

a. Recueillement, prélude normal de la catharsis, et, en quelque manière, déjà catharsis.
b. *Anima* est brouillée avec l'analyse. *Animus* rôde, perd patience, fatigué par ce repos.
c. Non, déjà plus ou moins mystique.
d. Est-ce toujours ici le mot propre ?

l'âme profonde qui, débarrassée de l'activité importune d'*Animus*, se dilate, aspire le réel auquel il lui est enfin permis de s'unir, puis c'est, chez *Animus* lui-même, comme récompense nécessaire de l'abnégation qu'il a consentie, un rafraîchissement et un redoublement d'activité. La poésie, dit excellemment Robert de Souza, « a un but de transfiguration aussi bien que d'émotion ». De transfiguration d'abord, ajouterai-je et par suite de cette transfiguration elle-même, de cette substitution provisoire d'*Anima* à *Animus*, un retour triomphant d'*Animus* : idées, sentiments, images. Purifiées, rassérénées, spiritualisées par ces minutes de repos qu'elles viennent de prendre, les facultés de surface reçoivent un élan nouveau : « la colombe des sentiments profonds, la tourterelle des pensées pures », l'aigle des imaginations sublimes, prennent leur essor.

[Ainsi nous restons dans la tradition. La clef de voûte de l'esthétique romantique, je veux dire de l'esthétique tout court, c'est Aristote qui l'aurait posée. Par là se trouvent résolus, avec la dernière simplicité, des problèmes qui ont donné lieu à d'interminables querelles. Soit, par exemple, la différence entre l'esprit et l'humour ; l'esprit n'est que le divertissement d'*Animus* ; l'humour le divertissement d'*Anima*. Ainsi encore le problème des relations entre l'art et la morale. Deux axiomes, confirmation et tout ensemble critique des *Maximes de Bossuet* : 1° Par la nature des choses, l'activité poétique ne peut pas être une activité sermonneuse ; toute sorte de didactisme est aussi impossible à la catharsis qu'il est impossible à l'oreille percevoir les parfums ; 2° Indépendante donc de toute préoccupation immédiatement morale, incapable d'une action immédiate sur le libre arbitre et sur les passions bonnes ou mauvaises, la catharsis n'en reste pas moins indirectement sans doute, mais très efficacement moralisante. Non seulement elle n'invite jamais au mal — cela, je le répète, ne lui est pas, ne peut pas lui être défendu : cela lui est impossible — mais encore par la sérénité dont elle enveloppe nos facultés de surface, elle éveille nécessairement en nous le devoir du bien. Harpe de David ramenant le calme dans le cœur de Saül; une œuvre qui déchaîne en nous, peu ou prou, les passions mauvaises, peut être éloquente, elle n'est pas poétique — dans les passages bien entendu qui produiraient cet effet.]

XVIII
LE POÈTE ET LE MYSTIQUE

Ainsi, pour résoudre l'énigme de la catharsis aristotélicienne, il n'est que de recourir à la psychologie des mystiques. Et voilà qui nous ramène à notre point de départ : ce n'est pas le poète qui nous éclaircit le mystère du mystique, c'est, au contraire, le mystique, et dans ses états les plus sublimes, qui nous aide à pénétrer le mystère du poète. Comment en irait-il autrement puisque d'une part l'expérience poétique et l'expérience mystique appartiennent par leur mécanisme psychologique au même ordre de connaissance — une connaissance réelle, non immédiatement conceptuelle, unitive... — et que, d'autre part, l'expérience mystique est le plus haut degré, le suprême développement ici-bas de toute connaissance réelle : la plus parfaite de ces connaissances, non seulement, ce qui va de soi, par le caractère surnaturel que tous les croyants doivent lui reconnaître, et qui assure sa transcendance, mais encore parce que seule elle met en mouvement tout le mécanisme psychologique, tous les ressorts de la connaissance réelle.

[Comme toute activité humaine, comme le travail du forgeron ou du chimiste, le travail poétique peut — et devrait du reste — s'ordonner à une fin surnaturelle et devenir par là méritoire, au sens théologique du mot ; moyen de sanctification et pour tout dire, prière. L'expérience poétique n'est donc pas nécessairement toute profane, toute naturelle, mais pour qu'on la dise telle, il suffit qu'elle puisse l'être et qu'en fait elle le soit le plus souvent : Pour un Prudence, combien de Villon ! Je crois aussi que toute inspiration poétique est en elle-même un don de Dieu, non pas *gratum faciens* comme la « grâce sanctifiante », mais une de ces « grâces naturelles » — qui, sans nous surnaturaliser par elles-mêmes, devraient nous aider dans notre ascension vers le bien. *Si diligentibus Deum omnia cooperantur in bonum*, un accident de voiture, un deuil par exemple, à combien plus forte raison la catharsis poétique, avec les effets que nous avons dits plus haut. Mais rien de tout cela ne suffit à surnaturaliser l'expérience poétique. En dehors de cette différence fondamentale, les théologiens ne s'accordent pas encore sur les caractères réellement distincts, de la mystique chrétienne. Pour le P. Maréchal, dont l'autorité est si grande, la haute contemplation impliquerait « un élément nouveau, qualitativement distinct des activités psychologiques normales et de la grâce ordinaire », à savoir « la présentation active, non symbolique, de Dieu à l'âme, avec son corrélatif psychologique : *l'intuition immédiate de Dieu* par l'âme ». Mais, il n'est pas interdit, continue-t-il, même à des catholiques, de ramener les états mystiques supérieurs à un simple accroissement quantitatif de la puissance psychologique normale et de la grâce surnaturelle ordinaire, ou si l'on veut, en langage théologique, à une pure intensification des vertus infuses, communiquées au baptême. » Maréchal, *op. cit.* pp. 252-253. Cf. l'ouvrage capital du R. P. Guarrigou-Lagrange, *Perfection chrétienne et contemplation*, Saint-Maximin, 1924.]

Avec le P. de Grandmaison, nous disions en commençant que l'activité poétique est une ébauche naturelle et profane de l'activité mystique : profane et naturelle, certes, nous venons de le répéter, mais qui plus est, ébauche confuse, maladroite, pleine de trous ou de blancs, tant qu'enfin le poète ne serait qu'un mystique évanescent ou qu'un mystique manqué.

Que les poètes ne se fâchent pas. Le don splendide qu'ils ont reçu les veut ainsi. Plus ils réaliseront l'idée du poète en soi, plus ils s'éloigneront de l'idée du mystique en soi. L'infirmité que nous allons étudier n'a pas son origine dans quelque défaillance poétique ou artistique, elle est dans la nature même des choses, elle est une sorte de perfection métaphysique. Le poète dont l'activité proprement poétique s'identifierait avec l'activité proprement mystique, violerait l'ordre du monde, impossible boiteux qui marcherait droit.

Le poète, par définition, plus il est poète, plus le tourmente le besoin de communiquer son expérience; plus il est poète, plus lui est facile, plus s'impose à lui la transmutation magique des mots par où quelque chose de cette expérience passe de son âme profonde dans la nôtre. Le mystique, plus il est mystique, moins il éprouve le besoin de se communiquer; aurait-il la tentation de le faire, plus cette communication lui paraît impossible, comme elle l'est, en effet, toute grâce mystique supposant « une intervention absolument gratuite et libre de la part de Dieu »[a]. Eh bien! direz-vous, cela seul ne prouverait-il pas l'infériorité du mystique, la supériorité du poète? Oui, sans le moindre doute, s'il était question de communiquer des idées, des images, des sentiments; non s'il est question d'une connaissance réelle, unitive. Ce que l'on conçoit bien s'énonce clairement; ce que l'on possède, ce à quoi l'on est uni par la pointe de l'âme, on ne peut pas le donner. D'un coté comme de l'autre, il y a une certaine saisie, une possession du réel; sans cela, ni poésie, ni mystique; mais chez le poète, la saisie est plus superficielle que chez le mystique; moins solide, moins unifiante. Eh! quoi, direz-vous encore, cette prise,

---

a. Picard, op. *cit.*, p. 33.

cette possession, de quel droit défendez vous au poète de la rendre aussi étroite et profonde qu'il lui plaira. Ce n'est pas moi qui le lui défends : c'est l'inspiration poétique elle-même, pressée qu'elle est de se communiquer au dehors et de trouver les expressions qui la communiquent. Le poète, en tant que poète, ne peut pas ne pas parler. Là est sa gloire et tout ensemble son irrémédiable faiblesse. Un trésor lui est offert qu'il s'approprie, et qui, par l'effet de cette magie verbale que nous savons, devient un peu nôtre : là est la gloire du poète. Ce trésor, dans la hâte qu'il a de l'exploiter et de le transmettre, le poète l'étreint mal, il ne s'en approprie que la surface : là est sa faiblesse. Comme ceci peut sembler, un peu subtil, qu'on me permette de l'expliquer sèchement et techniquement, ce qui du reste, nous donnera l'occasion d'approfondir mieux que nous ne l'avons fait jusqu'ici la parabole fondamentale d'*Animus* et d'*Anima* la distinction du *Je* et du *Moi*.

Connaissance réelle, unitive, disons-nous des deux activités que tout le présent travail a pour but de comparer l'une à l'autre. Dans l'une comme dans l'autre, chez le poète et chez le mystique, saisie, possession du réel. Or, il faut se rappeler que cette expérience, bien qu'elle exige d'abord le réveil, l'entrée en scène d'*Anima*, libérée par la catharsis, ne saurait se passer de la collaboration d'*Animus*. Pour que s'achève l'union ainsi commencée et pour qu'elle donne tous ses fruits, il est indispensable que deux au moins de nos facultés, la raison et la volonté, d'abord plus ou moins suspendues et réduites à un repos qui, d'ailleurs n'est jamais total ; que ces deux facultés, dis-je, rafraîchies par ce repos même et stimulées par l'activité intense de la fine pointe, se mettent de la partie. Cette présence qu'*Anima* seule peut toucher et qu'elle vient, en effet, de toucher, mais d'une saisie obscure, indistincte, pendant la première phase de l'expérience, il faut qu'*Animus* la « pense », l'interprète, la nomme, la classe, vaille que vaille, dans ses catégories ordinaires ; cette expérience qui s'est imposée au centre de l'âme, il faut qu'*Animus* l'accepte, la veuille librement telle qu'elle est, avec tout ce qu'elle exige en retour de ce don gratuit. La possession du réel, l'union ne devient vraiment humaine et pleinement féconde qu'à ce double prix : adhésion active de la raison ; adhésion active de la volonté.

Des deux, quelle est la plus nécessaire à la perfection de l'expérience ? Manifestement, celle de la volonté. Un coup d'œil sur la carte de l'âme, et vous comprendrez aussitôt. La volonté est plus proche du centre que la raison raisonnante ; si proche même qu'on ne la distingue pas sans peine, et que, pour de nombreux mystiques, la volonté se confond avec le centre de l'âme[a]. En quoi, d'ailleurs ils se trompent, me semble-t-il, puisque tout acte de volonté, au sens propre du mot, toute décision du libre arbitre suppose une intervention préalable de la connaissance rationnelle : *nil volitum nisi cognitum*. Mais sans entrer dans ces distinctions, on sent bien que l'union qui s'offre, qui se noue déjà dans la connaissance réelle, l'union d'*Anima* avec le réel, amour commençant et qui ne mérite pas encore le nom d'amour, attend, appelle, implore la ferme adhésion d'*Animus* ou du libre arbitre intégral. Au don qui lui est fait, l'âme doit s'ouvrir tout entière, l'aspirant, l'attirant, lui permettant d'atteindre, de pénétrer, d'électriser, pour ainsi dire, toutes les fibres de la volonté. Et voici enfin où éclate l'infirmité du

---

[a]. Le P. Picard dit fort bien que l'intelligence et l'imagination sont « plus profanes de leur nature », que la volonté, *op. cit.*, p, 36.

poète : l'amour qui lui est demandé et rendu facile, en tant que poète, il ne peut pas l'accorder, tandis que, dans le bloc de l'expérience mystique normale, *Animus* s'unit de toutes ses forces volontaires à la présence qui se fait sentir aux profondeurs d'*Anima*. D'où vient cette différence nécessaire ? Encore un coup du caractère spécial qui définit l'activité poétique, le poète ayant pour unique objet, non pas, comme le mystique, de s'approprier le don divin, mais de trouver les formules incantatoires par où le courant poétique puisse passer jusqu'à l'*Anima* du lecteur. Cette union amoureuse qui suit toute expérience mystique normale, l'expérience poétique ne la permet pas. Le poète, en tant que poète, ne s'unit au réel que pour s'en désunir aussitôt. Ce n'est pas là, je vous prie, un paradoxe : ou plutôt, c'en est un, mais pas de mon cru ; c'est le paradoxe du poète.

[Nous ne voulons pas leur faire de peine. Quelques-uns d'entre eux, oh ! non pas tous, Dieu merci — éprouvent pour l'analyse métaphysique, une telle répugnance, qu'ils vont me reprocher de contester la sincérité de leurs amours. Mais non, pas du tout, cette question n'intéressant ni de près ni de loin la philosophie de la poésie. Que soit avant, soit après les Sonnets, Ronsard aime son Hélène, peu nous importe. Pendant qu'il rature les Sonnets, et en tant qu'il les rature, il ne l'aime pas, et il l'aime encore moins pendant les minutes divines où la formule magique lui tombe enfin du ciel : « Quand vous serez bien vieille... J'en dirai autant du poète qui ne chanterait que l'amour de Dieu. Soit avant, soit après ses expériences proprement poétiques, il peut aimer Dieu, s'unir à lui et même d'une manière tout à fait mystique. Son poème, plus il sera beau, moins il sera un acte d'amour au sens rigoureux de ce mot.]

Le poète, un mystique manqué, disions-nous, tout semblable à nous dans l'ordre moral, j'entends par là médiocre, alors que le don qu'il a reçu devrait l'enrichir tout entier, l'élever au-dessus de l'humanité commune, l'égaler aux saints. Le paradoxe d'une force qui pousse vers la vie sublime celui dont elle s'empare, et qui, tout ensemble, le distrait malgré lui de ces ambitions magnifiques, le détourne, le concentre, en s'y épuisant elle-même, sur d'aussi chétives choses qu'« un heureux choix de mots harmonieux ». Le paradoxe d'un élan qui se briserait lui-même. On dirait, écrit Vinet, que les poètes « ont été envoyés... pour *dire* et non pas pour *être* ». Le poème achevé, rien ne reste en eux « de cette grande pensée (de cette force plutôt) comme si, en l'exprimant, ils s'en étaient dépouillés ». Et il ajoutait avec sa profondeur merveilleuse : « Une vie morale trop forte est souvent un obstacle à la création poétique. » D'où notre attitude en face du poète : nous ne mettons au-dessus de la poésie que la prière, mais les poètes, la plupart du moins, nous avons quelque peine à les prendre au tragique. Etrange famille, disait ou à peu près, Coventry Patmore qui la connaissait bien. Ce sont comme des moitiés de saints ; le sens spirituel le plus exquis et la conscience la plus lâche. Leur génie semble leur conférer une sainteté indépendante de toute vertu. Aussi prophétisent-ils sans que cela les gêne, sans encourir, de ce chef, aucune responsabilité. Le saint n'ose dire tout haut ce qu'il a dans le cœur : on le jugerait lui-même sur ses paroles. Il trahirait la sainteté personnelle qui a fait de lui un voyant. Le poète au contraire. Oh ! il peut tout dire : il sait bien que, si belles que soient ses visions, personne ne le prendra pour un saint. » Ma foi, poète lui-même, laissons-le parler :

Le poète occupe dans la hiérarchie des êtres une position singulière : à mi-chemin entre le saint et l'ânesse de Balaam.

Ces idées, qui ne sont pas neuves, mais que les philosophes, à l'exception de Maurice Blondel n'ont peut-être pas encore abordées de front, demanderaient un développement infini. Qu'il me suffise de les résumer en deux lignes : Dans toute expérience mystique digne de ce nom, *Animus* et *Anima* collaborent à un acte d'amour, d'amour au sens parfait de ce mot ; c'est la fin providentielle, et, d'ailleurs, psychologiquement nécessaire de cette expérience. Dans l'expérience poétique, cet acte d'amour, d'union totale au réel, touché et confusément possédé, cet acte, dis-je, avorte fatalement, l'*Animus* ou la volonté du poète se trouvant absorbé par d'autres activités qui ne tendent pas à réaliser, à resserrer, à parfaire cette union.

Et remarquez la suite, également inévitable, de l'inhibition qu'on vient de dire : la paralysie presque totale d'*Animus*-volonté, entraîne une paralysie partielle d'*Animus*-raison. En quête — et combien passionnée — des symboles conceptuels, idées, images, sur lesquels il doit greffer, pour ainsi dire, ses formules incantatoires, et faute desquels tout moyen de faire passer le courant lui serait enlevé, lui aussi l'*Animus* du poète, appelé d'abord à se replier vers le centre de l'âme, s'en éloigne presque aussitôt, ramené vers la zone des notions et des mots par le besoin qu'il a de se communiquer à autrui. Défaillance lamentable, mais que nous ne reprochons pas au poète, puisqu'elle est la rançon de son génie. Au réel, à peine saisi, sa raison tourne le dos et elle ne peut faire autrement. S'approprier ce réel en l'interprétant, elle n'en a pas le moyen ; il lui faudrait pour cela un autre don, la grâce mystique. En quoi réside, nous semble-t-il, la différence essentielle entre le poète et le mystique : Dieu étant la réalité des réalités, ils s'unissent à

Dieu l'un et l'autre, mais ce Dieu ainsi possédé, l'*Animus* du poète ne le nomme pas, l'*Animus* du mystique le nomme. Il est bien certain qu'on n'atteint effectivement la moindre réalité qu'en passant par Dieu, mais il n'est pas moins certain, qu'on ne passe par Dieu, si j'ose parler ainsi, que par Dieu. Or passer par le Dieu vivant et caché, c'est entrer dans l'ordre mystique, c'est accepter le détachement, la nuit des sens et de l'entendement, l'initiative gratuite du Père céleste, la réponse docile à la grâce de charité, l'union effective de notre volonté à la volonté divine. Sans cette initiative, sans cette surhumaine et spéciale infusion de lumière et d'amour, et sans la réponse active d'*Animus* à ce Dieu qu'il a reconnu et nommé, il y a bien sans doute, parfois de simples mimétismes, mais aussi des ébauches, des préparations et anticipations hypothétiques, il n'y a pas de mysticisme au sens propre et sacré du mot.

Hétérogénéité donc et sans confusion possible ; transcendance absolue ; barrière infranchissable entre les deux expériences qui nous occupent ; l'expérience poétique est bien une ébauche de l'expérience mystique, mais une ébauche qui, en l'appelant d'un coté, repousse de l'autre le pinceau qui l'achèverait. Chose curieuse et qu'on n'a peut être pas assez remarquée, ceci n'est rigoureusement vrai que des hauts états poétiques, de ceux, veux-je dire, qui se cristallisent en de vrais poèmes. Chez nous, poètes inférieurs, l'expérience provoquée soit par la vue d'un paysage, soit par la lecture des poètes, rien n'empêche qu'elle soit enrichissante, qu'elle se transforme insensiblement en une expérience religieuse, parfois même proprement mystique ; rien n'empêche, la nature des choses et l'ordre de la Providence veulent au contraire que chez nous l'ébauche devienne portrait. C'est toujours la même raison : le poète en tant que poète ne peut pas ne pas parler ; le lecteur peut aisément et devrait se taire, l'ébranlement communiqué par la magie des vers à notre âme profonde n'étant pas assez intense pour nous imposer cet effort de création artistique, auquel le poète se soustrait difficilement, et qui le prend tout entier. Libre à nous de laisser le courant monter jusqu'à nos facultés de surface, d'appliquer notre raison à la seule interprétation du mystère qui nous envahit et notre volonté à resserrer l'union commencée. Pour donner son vrai nom à la réalité qui s'offre à nos prises, et pour la posséder pleinement, nous avons besoin sans doute d'une grâce nouvelle et meilleure, don gratuit que la lecture du poète le plus sublime ne dispense point, mais qu'elle nous invite à demander. Chez le parfait poète lui-même, l'expérience poétique tend à rejoindre, mais ne rejoint pas la prière ; chez nous, elle la rejoint sans peine, et grâce au poète. Etrange et paradoxale nature de la poésie : une prière qui ne prie pas et qui fait prier.

Il va sans dire que ce sont là des précisions métaphysiques. Oh ! peu subtiles, du moins pour qui n'est pas brouillé de naissance avec le jeu des idées. Inutile donc de me rappeler que Racine allait à la messe. Le poète pur n'exista jamais ; l'expérience poétique pure est un mythe. Un grand poète peut être aussi un homme pieux, voire un contemplatif authentique. Saint Augustin par exemple, ou l'auteur de l'*Imitation*. Mais de ceux-ci même, l'activité poétique, dégagée par un effort d'analyse et isolée des mille activités qui l'accompagnent, la bloquent, la secondent et la gênent tour à tour, n'est un acte formel ni d'amour ni même de foi. Rien de proprement religieux, rien de méritoire. Je ne parle bien entendu que des pages des *Confessions* qui égalent par leur magie verbale les plus beaux vers de Virgile. Plus ces pages sont poétiquement parfaites, moins elles sont prière, et moins elles sont prière, plus elles sont génératrices de prière. Et cela directement, automatiquement, pour ainsi dire, non à la manière des sermons ou des effusions pieuses qui restent prose. Car il ne s'agit pas, encore une fois, des idées que présente le poète, ou des sentiments qu'il éveille ; il s'agit du mouvement qu'il imprime au centre de nos âmes, déclenchant par là tout un mécanisme psychologique dont les ressorts n'ont plus besoin que d'une motion surnaturelle pour s'adapter aux activités propres, pour servir les fins spéciales de la vraie prière. Par où l'on voit, qu'il ne serait pas très intelligent non plus de me rappeler que Lucrèce blasphème. L'homme, le philosophe, celui qui exprime telles idées, tels sentiments, oui, certes. Le poète, en tant que poète, non. L'expérience poétique se refuse au blasphème comme à la prière, mais avec cette différence que s'il lui est absolument impossible de provoquer au blasphème, elle ne peut pas ne pas mettre en branle le mécanisme psychologique de la prière. Dans les *Prœlectiones academicæ* de Keble, le chapitre sur Lucrèce n'est qu'un long cantique. Et, que nous ayons ou non frôlé le subtil, nous revoici en plein lieu commun.

C'est à la fois par la poésie et à *travers* la poésie écrit Baudelaire, par et *à travers* la musique, que l'âme entrevoit les splendeurs situées derrière le tombeau ; et quand un poème exquis amène les larmes au bord des yeux, ces larmes ne sont pas la preuve d'un excès de jouissance.

La poésie, en tant que telle, n'est jamais plaisir sensible.

Elles sont bien plutôt le témoignage d'une sensibilité irritée, d'une postulation des nerfs (non! d'*Anima*), d'une nature exilée dans l'imparfait et qui voudrait *s'emparer immédiatement* sur cette terre même, d'un paradis révélé.

Ceci est vrai de toute expérience poétique, et quel que soit d'ailleurs le « sujet » traité par le poète commentant ces mots de Baudelaire. La Beauté, écrit Maritain, toute beauté tend d'elle-même à nous réunir à Dieu ; pourquoi elle y tend, et comment, c'est ce que nous avons essayé de montrer dans les pages qu'on vient de lire et que je résume en deux mots : 1° Il y a une autre pensée que la pensée abstraite et discursive ; une autre connaissance que la connaissance conceptuelle et rationnelle ; 2° ni la connaissance réelle, ni la rationnelle, lesquelles, d'ailleurs, ne se développent pas l'une sans l'autre, ne s'achèvent sans impliquer l'exercice des facultés que met divinement en œuvre la vie mystique. D'où l'excellence, et tout ensemble l'imperfection essentielle de l'expérience poétique : pierre d'attente d'une expérience plus haute, qu'elle appelle, en quelque sorte, mais où d'elle-même elle ne saurait conduire, qu'elle empêcherait plutôt.

Un beau passage de M. Hamar résume excellemment ce que j'ai essayé de dire dans ce dernier chapitre : « Il est incomparablement plus facile *d'aimer en se taisant que non pas en parlant*. LE SOIN DE TROUVER DES PAROLES NUIT BEAUCOUP AU MOUVEMENT DU CŒUR, qui perd toujours quelque chose par là, s'il n'est récompensé de sa perte par le gain que les autres y font. Quand on ne perdrait pas autre chose que d'aimer moins, et avec plus de distraction, et plus de péril, c'est une grande perte si on sait quel est le prix de l'amour, et de la prière.

[*Traités de piété*, 1689, II, p. 467. — Deux critiques de mes amis s'étant suavement hérissés contre ce dernier chapitre, j'ai soumis le cas à l'éminent théologien de qui j'ai déjà cité plus haut les judicieuses remarques. « Gardez-vous bien, m'écrit-il, de céder sur ce point. Jurons haine au respect humain. Ce dernier chapitre, c'est tout votre livre, comme le dernier paragraphe du *Discours sur la Poésie pure*, c'est tout le discours. Vous avez cent fois raison de dire de la poésie qu'elle est une prière qui ne prie réellement pas ; qui mime la prière ; qui, employant quelques-unes des ressources de l'âme profonde — en quoi est son excellence — donne au rabats un *ersatz* de la solution religieuse. Bonne comme véhicule ou comme appât, pour *dérationaliser Animus*, elle éveille et stimule *Anima*, mais elle ne reste bonne que par la nostalgie d'une satisfaction plénière dont elle demeure radicalement incapable ; elle devient même périlleuse dans la mesure où elle se considérerait comme parfaite, indépendante, comme atteignant l'objet à la fois idéal et réel que seule la solution religieuse peut pressentir, anticiper et donner. »]

Table des matières

Avant-Propos   1

I. Platon et la Poésie exilée   7

II. Aristote et la Poésie dépoétisée   12

III. L'Humanisme de la Renaissance et l'énigme de la Catharsis   18

IV. Boileau   21

V. Lamotte et le triomphe du Classicisme   26

VI. Suprême humiliation de la Poésie   39

VII. Le Romantisme et la réhabilitation de la Poésie   50

VIII. Vers une philosophie mystique de la Poésie   72

IX. Poésie et Mystique   77

X. L'Inspiration et les états mystiques profanes   83

XI. Le mystère poétique 93

XII. Animus et Anima 99

XIII. L'activité propre des mystiques 122

XIV. Collaboration nécessaire d'Animus et d'Anima 133

XV. Le miracle de la Poésie 143

XVI. La catharsis 152

XVII. La catharsis et la magie des vers 170

XVIII. Le poète et le mystique 177